高等职业技术院校汽车类专业教材

汽车电气检测与维修实训

（第二版）

主　编　张　弛
副主编　刘　锋

中国劳动社会保障出版社

简介

本书主要内容包括汽车电气检测与维修工具和设备、汽车电路图的识读、充电系统检测与维修、起动系统检测与维修、照明与信号系统检测与维修、电动车窗检测与维修、电动座椅检测与维修、中控门锁和防盗系统检测与维修等。

本书由张弛任主编，刘锋任副主编，王力、李峰、王伟、石勇、施凌、郭玮参加编写。

图书在版编目(CIP)数据

汽车电气检测与维修实训 / 人力资源社会保障部教材办公室组织编写；张弛主编 .-- 2 版 .-- 北京：中国劳动社会保障出版社，2019

高等职业技术院校汽车类专业教材

ISBN 978-7-5167-4019-4

Ⅰ.①汽…　Ⅱ.①人…　②张…　Ⅲ.①汽车－电气设备－车辆修理－高等职业教育－教材　Ⅳ.①U472.41

中国版本图书馆 CIP 数据核字（2019）第 101190 号

中国劳动社会保障出版社出版发行

（北京市惠新东街 1 号　邮政编码：100029）

*

北京宏伟双华印刷有限公司印刷装订　　新华书店经销

787 毫米 ×1092 毫米　16 开本　　12.25 印张　233 千字

2019 年 6 月第 2 版　　2025 年 3 月第 6 次印刷

定价：29.00 元

营销中心电话：400-606-6496

出版社网址：http://www.class.com.cn

http://jg.class.com.cn

前言

为了更好地适应全国高等职业技术院校汽车类专业的教学要求，全面提升教学质量，人力资源社会保障部教材办公室组织有关学校的骨干教师和行业、企业专家，在充分调研企业生产和学校教学情况、广泛听取教师对现有教材反馈意见的基础上，吸收和借鉴各地高等职业技术院校教学改革的成功经验，对现有全国高等职业技术院校汽车类专业教材进行了修订（新编）。

本次教材修订（新编）工作的重点主要体现在以下几个方面：

第一，合理更新教材内容。

根据企业岗位和教学实践的需求变化，确定学生应具备的能力与知识结构，调整部分教材内容，使知识技能点的深度、难度、广度与实际需求相匹配；根据相关专业领域的最新发展，淘汰陈旧过时的内容，补充新知识、新技术、新设备、新材料等方面的内容；根据最新的国家技术标准编写教材内容，保证教材的科学性和规范性。

第二，加强实践技能的培养。

根据就业岗位对技能型人才所需能力的要求，进一步加强实践性教学内容，采用了理论知识与技能训练一体化的编写模式，以体现“做中学”“学中做”的教学理念。

第三，衔接职业技能鉴定要求。

教材编写以相关国家职业标准为依据，涵盖国家职业标准（高级）的知识和技能要求，并在配套习题册中增加了相关职业技能考试的练习题。

第四，精心设计教材形式。

在教材的呈现形式上，尽可能使用图片、实物照片和表格等将知识点生动地展示出来，力求让学生更直观地理解和掌握所学内容。

第五，提供全方位的教学服务。

本套教材配有习题册、教学参考书、电子课件和习题册答案，电子课件等教学资源可通过职业教育教学资源和数字学习中心（http://zyjy.class.com.cn）下载。

本次教材的修订（新编）工作得到了辽宁、吉林、江苏、山东、河南、广东等省人力资源社会保障厅及有关学校的大力支持，在此我们表示诚挚的谢意。

人力资源社会保障部教材办公室

2018 年 6 月

目　录
Contents

课题一 汽车电气检测与维修工具和设备

学习目标

1. 了解汽车电气检测与维修工具和设备的作用。
2. 掌握汽车电气检测与维修工具和设备的使用方法及注意事项。

一、汽车拆装常用工具

工具	图片
1. 工具柜 (1) 作用 主要用于存放工具、贵重零件、物品等，比较灵活，可以移动使用。 (2) 注意事项 工具柜上小型工具、资料、物料应分类并摆放整齐，表面清洁，无灰尘、杂物；工具柜里专用工具应分类放置，标识清晰。	 工具柜
2. 世达组合工具（维修级） (1) 作用 用于汽车维修，携带方便，可以高效、快速地对汽车零部件进行拆装。主要工具包括棘轮扳手、梅花端内孔套筒、六角旋具头和接杆等。 (2) 使用方法 1) 棘轮扳手：当螺栓头或螺母的尺寸较大或扳手的工作空间较狭窄时，即可使用棘轮扳手。可在方形的套筒上装上接杆。这种扳手摆动的角度较小，能拧紧和松开螺栓头或螺母。通过往复	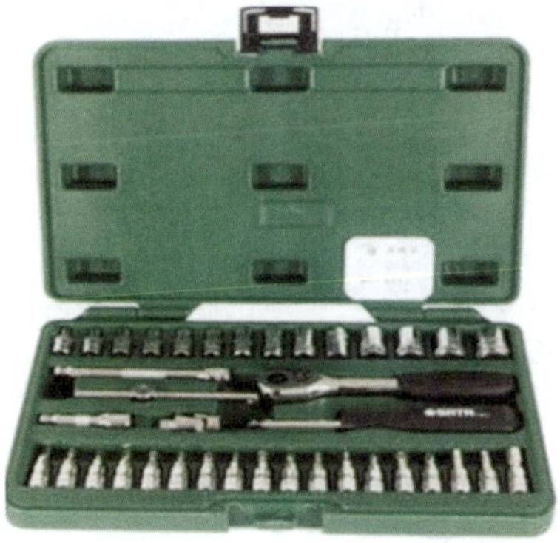 世达组合工具（维修级）

摆动扳转螺母，方便快捷，省时省力，适用性强，还可以方便地调整使用角度。拧紧时应顺时针转动手柄（工作原理：当手柄向反方向扳回时，接杆在棘轮齿的斜面中滑出，因此螺栓头或螺母不会跟随反转）。如果需要松开螺栓头或螺母，只需翻转棘轮扳手朝逆时针方向转动即可。

2）梅花端内孔套筒：适合在非常狭小的空间中操作使用，可直接选取合适的套筒装配棘轮扳手。其优点是：特殊的倒角孔形设计，使旋拧件与六角头有良好的接触面，不损伤螺栓头和螺母。

3）六角旋具头：直接把六角旋具头嵌入梅花端内孔套筒内，配合棘轮扳手使用。其优点是：不易断裂打滑，坚固耐用；有 9 种长度系列，方便选用。

4）接杆：用于连接棘轮扳手，起到加长套筒长度的作用。

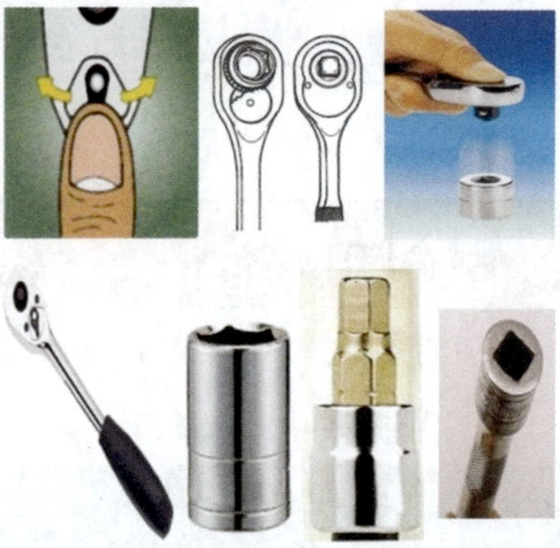

世达组合工具的使用

3. 扭力扳手

（1）作用

用于测量扭力值的大小。

（2）使用方法

1）根据零件旋紧扭力的要求选取适中的量程。

2）使用扭力扳手时，先将驱动头与辅助配件（如套筒等）连接牢靠。加固定扭力之前，先设定需要加的扭力值，并锁好紧锁装置，然后调整方向转换按钮到加力的方向。操作时，手要掌握住把手的有效范围，在垂直于管身的方向慢慢地加力，直至听到达到已设定的量值后发出的声音。在施力过程中，其垂直度偏差不应超过 10°。

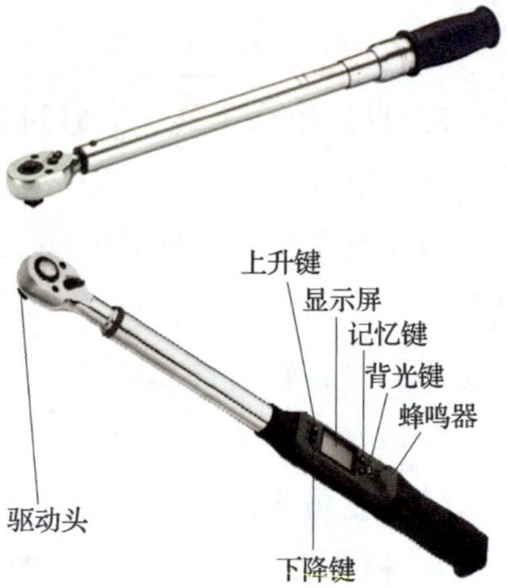

扭力扳手

3）扭力扳手应用范围较广，只需要设定要求值便可进行操作，操作比较简单。

（3）注意事项

规定扭力值不可小于扭力扳手量程的 20%，过大的量程不适用于小扭力零部件的紧固，小量程的扭力扳手不得超量程使用。

4. 梅花扳手

（1）作用

梅花扳手的用途与呆扳手相似。梅花扳手可分为单头梅花扳手和双头梅花扳手两种。单头梅花扳手仅适用于紧固或拆卸一种规格的六角螺栓、螺母；双头梅花扳手适用于紧固或拆卸两种规格的六角螺栓、螺母。

（2）使用方法

梅花扳手可以在扳手转角小于 60° 的情况下紧固零件。使用时先要选配好规格，使紧固件与梅花扳手的规格相符，不能松动打滑。

（3）注意事项

1）使用时不得敲击手柄或使用加力杆。

2）棘轮结构适合螺栓预锁紧和拧松，锁紧和拧开锁紧时建议使用开口端。

3）梅花扳手不得用作撬棒。

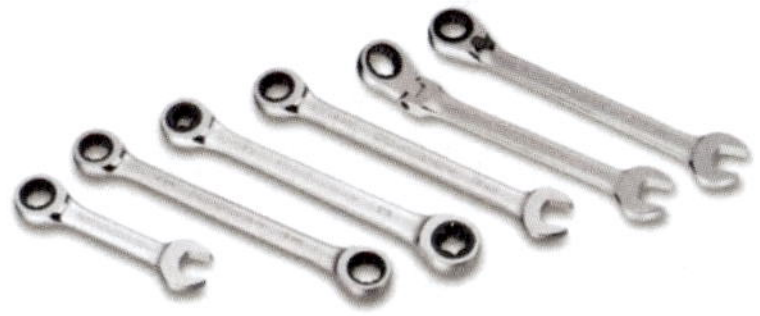

梅花扳手

5. 旋具

（1）作用

用于拆装螺钉，可分为一字、十字、花型旋具等。

（2）使用方法

将旋具端头对准螺钉的顶部凹坑后固定，然后开始旋转手柄，顺时针方向旋转为嵌紧，逆时针方向旋转则为松出。

一字旋具

（3）注意事项

1）根据螺钉的尺寸，正确选用合适规格的旋具。

2）不能用于敲击。

3）不能将旋具用作撬棒。

4）不能将旋具用于搅拌，不得接触酸、碱类液体及油漆。

5）不得对旋具端部进行人为加工（如进行砂轮磨削等）。

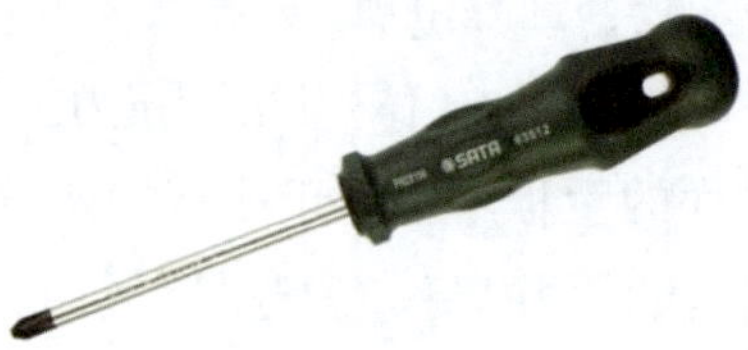

花型旋具

6. 卡簧钳

（1）作用

卡簧钳又称挡圈钳，专门用于拆装弹簧挡圈。

（2）分类

卡簧钳按用途不同可分为轴用和孔用两种，适用于对不同位置上挡圈的拆装。卡簧钳按钳口结构不同可分为直嘴式和弯嘴式两种（弯嘴结构一般为90°，也有45°的）。常用规格有150 mm、175 mm两种。

（3）注意事项

使用卡簧钳时，应防止挡圈弹出伤人。

卡簧钳

7. 尖嘴钳

（1）作用

适用于在比较狭小的空间夹持小零件，主要用于仪器仪表、电器行业安装与维修工作。带刃口的尖嘴钳还可以切断细金属丝。

（2）分类

按照柄部结构不同可分为不带塑料套和带塑料套两种，后者的绝缘耐压强度为500 V，常用规格有125 mm、140 mm、160 mm、180 mm、200 mm五种。

尖嘴钳

（3）注意事项 1）电工应禁用铁柄尖嘴钳。 2）尖嘴钳的钳头部分尖细，且经过热处理，不能夹持过大物体，不能用力过猛，以防损伤钳头。 3）使用时不得用钳嘴撬工件，以免钳嘴变形。	

二、汽车电气测量工具

工具	图片
万用表 （1）作用 万用表是一种多功能、多量程的测量仪表，也是汽车电气检测与维修中不可缺少的测量工具。一般可测量直流电流、直流电压、交流电流、交流电压、电阻和音频电平等，有的还可以测量电容量、电感量及半导体的一些参数。 （2）分类 万用表按显示方式不同可分为指针式万用表和数字式万用表。指针式万用表是以表头为核心部件的多功能测量仪表，测量值由表头指针指示读取。数字式万用表的测量值由液晶显示屏直接以数字的形式显示，读取方便，有些还带有语音提示功能。 （3）使用方法 1）使用前应熟悉万用表的各项功能，根据被测量的对象正确选用挡位、量程及表笔插孔。 2）在被测数据大小不明确时，应先将量程开关置于最大值，而后由大量程向小量程挡位逐步切换。 3）测量电阻时，在选择了适当倍率挡位后，将两表笔相碰使指针指在零位，如指针偏离零位，应调节“调零”旋钮使指针归零，以	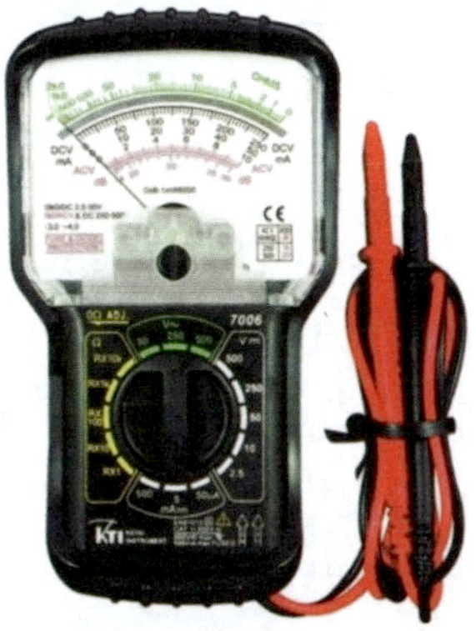 指针式万用表 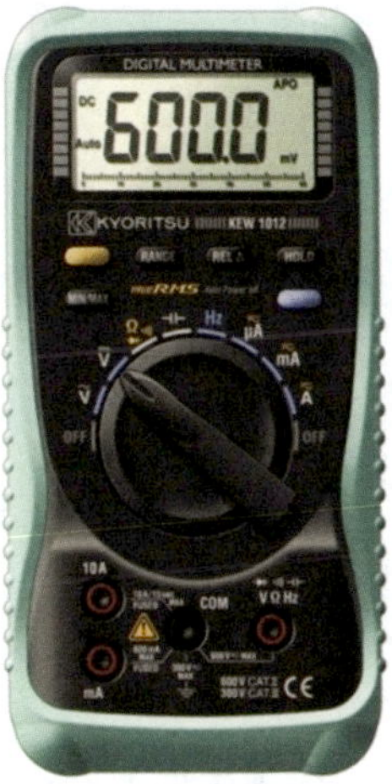 数字式万用表

<table>
<tr><td>保证测量结果准确。如不能调零或万用表发出低电压报警，应及时检查万用表。
4）在测量某电路电阻时，必须切断被测电路的电源，不得带电测量。
5）使用万用表进行测量时，要注意人身和仪表的安全，测量过程中不得用手触摸表笔的金属部分，不允许带电切换挡位开关，以确保测量准确，避免发生触电及烧毁仪表等事故。</td><td></td></tr>
<tr><th colspan="2">三、汽车维修常用工具和设备</th></tr>
<tr><th>工具、设备</th><th>图片</th></tr>
<tr><td>1. 千斤顶
（1）作用
用来举升汽车或重物。可分为液压式千斤顶和机械式千斤顶两种，机械式千斤顶主要用于轿车；液压式千斤顶按举升质量不同，有 3 t、5 t、8 t 等规格。
（2）使用方法
1）使用机械式千斤顶时，先将千斤顶的顶面对正要顶起的部位，然后用手柄转动蜗杆，顺时针转动使物体上升，逆时针转动使物体下降。
2）使用液压式千斤顶时，先将油压开关拧紧，然后将千斤顶的顶面对正要顶起的部位，压动手柄，物体上升；旋开油压开关，物体下降。
（3）注意事项
1）使用时应注意落地车轮用三角木塞好。
2）在松软的路面上使用时，千斤顶座下应垫木板。
3）千斤顶应放正，不得歪斜。
4）在汽车升起后未稳定前，或旋开油压开关汽车下降时，禁止车下有人员作业。</td><td>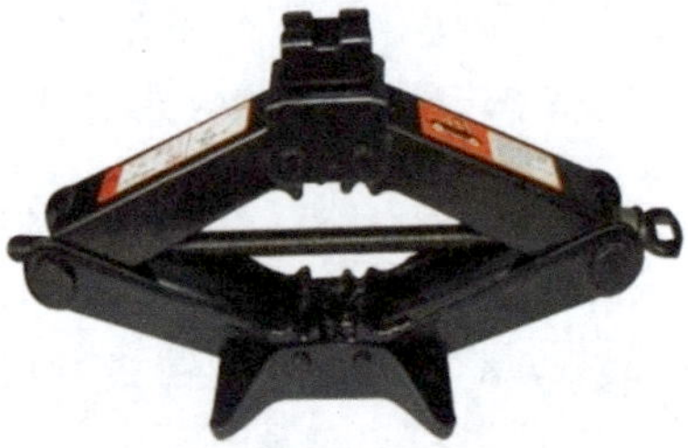
机械式千斤顶

液压式千斤顶</td></tr>
</table>

2. 举升机

（1）作用

举升机是汽车修理厂的常用设备之一，能举升待修车辆，使其离开地面一定高度，以便修理人员进入汽车底部作业，或进行轮胎拆卸、四轮定位等操作。

（2）分类

举升机按照功能和结构不同，一般可分为剪式举升机、双柱式举升机、四柱式举升机三种。双柱式举升机稳定性好，剪式举升机节省空间。本书重点介绍剪式举升机和双柱式举升机的使用方法和注意事项。

剪式举升机

（3）使用方法

1）剪式举升机

①工作前，应排除机器周围和下方的障碍物。

②升降时，在举升机规定区域和机器上方、下方以及平台上的车辆内不能有人。

双柱式举升机

③不能举升超过本机举升能力范围的车辆或其他货物。

④举升时，应在车辆底盘下方垫上胶垫。

⑤在升降过程中，应随时观察举升机平台是否同步；若发现异常应及时停机，检查并排除故障后方可使用。

⑥下降操作时，先将举升平台上升一点，注意观察两保险爪与保险齿之间是否完全脱开，否则停止下降。

⑦机器长期不用或过夜使用时，举升平台应降到最低位置，并开走车辆，切断电源。

2）双柱式举升机

双柱式举升机的使用方法与剪式举升机的使用方法除第④条外其余都相同。使用双柱式举升

机时，不需要在汽车下方垫胶垫，因为双柱式举升机本身就有胶垫，只需要调整胶垫就可以了。 （4）注意事项 1）在使用任何类型的举升机时，一定要注意车辆处于正在举升或正在下降过程时，车辆底部或附近不能有人，确保人员安全。 2）车辆举升到指定高度后必须落锁并确保锁止有效后，工作人员方可进行维修作业。 3）车辆正在举升或正在下降过程中，操作人员必须注视车辆的水平状态及保险的状态，确保保险有效后才能继续上升或下降。	
3. 车轮挡块 （1）作用 阻止处于静止状态车辆的自行滑动。 （2）使用方法 在确认车辆停放好后，将车轮挡块放置在车轮的前后，将车辆固定好。车轮挡块要紧贴汽车胎面，放置时要使挡块上的横条对齐胎面。 （3）注意事项 每次使用前要及时检查挡块表面有无裂痕，如有应及时更换挡块。	 车轮挡块
4. 支撑垫 （1）作用 用于在举升车辆之前支撑汽车，起到保护和防滑的作用。 （2）使用方法 1）在举升车辆前，将 4 个支撑垫垂直安装在固定点上。 2）将车辆升起一点，观察 4 个支撑垫是否安装牢固；确认支撑垫牢固后再举升车辆。	 支撑垫

<table>
<tr>
<td>(3) 注意事项
1) 使用时注意检查支撑垫是否完好，有无裂纹、变形。如有特殊情况需要及时更换。
2) 检查支撑垫的表面是否有油污，有油污时需要及时清洁干净，以防其滑脱。</td>
<td></td>
</tr>
<tr>
<td>5. 翼子板布和前格栅布
(1) 作用
汽车维修、维护操作前，铺盖翼子板布和前格栅布可以防止操作过程中划伤汽车漆面。
(2) 注意事项
1) 翼子板布和前格栅布一侧内部有磁铁，可以牢靠地吸附在车辆上。
2) 安装翼子板布时要有效遮住车身部位(翼子板处)。
3) 翼子板布应铺放稳妥，防止其意外掉落。
4) 放置前格栅布时不要挡住散热器水管，以免影响发动机舱的检查。
5) 注意前格栅布的正反面，以免前翼子板布放不正。</td>
<td>
翼子板布

前格栅布</td>
</tr>
</table>

课题二 汽车电路图的识读

任务1 汽车电气系统的认知

实训目标

1. 了解汽车电源及接线方法特征。
2. 了解汽车电路系统的组成。
3. 了解电子控制系统的特征。
4. 了解导线颜色和代码。

实训准备

1. 设备：整车、汽车电路台架。
2. 材料：汽车电路系统挂图。
3. 场地：汽车电气（一体化）实训室。

工作任务

现代汽车上使用了许多电气设备。要使这些电气设备能正常工作，需要用导线和车架或车身金属部分将电源、保护器件、控制器件及用电设备等装置连接起来，构成能使电流流通的回路，即汽车电路。本任务要求学生认识汽车电气系统的组成。

知识储备

一、汽车电源及接线方法特征

1. 低压

汽车电气系统的额定电压有 12 V 和 24 V 两种，12 V 和 24 V 电压是指蓄电池电压，汽车运行中发电机的额定电压则为 14 V 和 28 V。汽油车普遍采用 12 V 电源，柴油车多采用 24 V 电源。随着汽车电气容量的不断增大，将来汽车电源电压将逐步提升。

2. 直流

现代汽车发动机是靠电力起动机启动的，起动机由蓄电池供电，而向蓄电池充电又必须使用直流电源，所以汽车电气系统为直流电系统。

3. 单线制

单线连接是汽车线路的特性之一，它是指汽车上所有电器设备的正极（或负极）均采用导线相互连接，而所有的负极（或正极）则直接或间接通过导线与车架或车身金属部分相连，俗称“搭铁”。蓄电池的负极接车架或车身称为负极搭铁，蓄电池的正极接车架或车身称为正极搭铁。

由于单线制导线用量少、线路清晰、接线方便，因此被现代汽车广泛采用。

4. 负极搭铁

负极搭铁（见图 2—1—1）对车架或车身金属的化学腐蚀较轻，对无线电干扰小。我国国家标准规定汽车线路统一采用负极搭铁，即任何一个电路中的电流都是从电源的正极出发，经导线流入用电设备后，再由用电设备自身或负极导线搭铁，通过车架或车身金属部分流回电源负极而形成回路。

图 2—1—1　蓄电池负极搭铁

5. 并联连接

各用电设备均采用并联，汽车上的两个电源（蓄电池与发电机）之间以及所有用电设备之间，都是正极接正极，负极接负极，即并联连接。

由于采用并联连接，所以汽车在使用中，当某一支路用电设备损坏时，并不影响其他支路用电设备的正常工作。

6. 设有保护装置

为了防止因短路或搭铁而烧坏线束和用电设备，电路中都设有保护装置，如熔断器、易熔线、断路器等。

二、汽车电路系统的组成

汽车电路由相对独立的系统组成，全车电路一般可分为以下几部分：

1. 充电系统

充电系统由蓄电池、发电机、电压调节器及工作状况指示装置（充电指示灯）等组成。

2. 起动系统

起动系统由蓄电池、起动机、起动继电器、点火开关及起动保护装置组成。

3. 点火系统

点火系统由点火线圈、分电器、电子点火器、火花塞及点火开关等组成。此外，由发动机控制单元进行点火控制时，可以不使用分电器。

4. 照明与信号系统

照明与信号系统由前照灯、雾灯、示宽灯、转向灯、制动灯、倒车灯、电喇叭及其控制继电器和开关组成。

5. 仪表与报警系统

仪表与报警系统由仪表、传感器、各种报警指示灯及控制器组成。

6. 电子控制装置系统

电子控制装置系统由电控燃油喷射系统、自动变速器、防抱死制动系统、恒速控制及悬架平衡控制装置等组成。

7. 辅助装置系统

辅助装置系统由为提高车辆安全性、舒适性、经济性等功能的各种电气装置组成，因车型不同而有所差异，一般包括风窗刮水（清洗）装置、风窗除霜（防雾）装置、启动预热装置、视听装置、车窗电动升降（自动关窗）控制装置、电动座椅调节装置、电动后视镜及中央电控门锁装置等。

三、电子控制系统的特征

汽车电子控制系统包括发动机电子控制系统、底盘电子控制系统及车身电子控制系统等。这些电子控制系统具有共同的特征，它们都是由传感器、电控单元和执行器三部分组成的，在电路表达方式上具有相同的方框图（见图 2—1—2）。

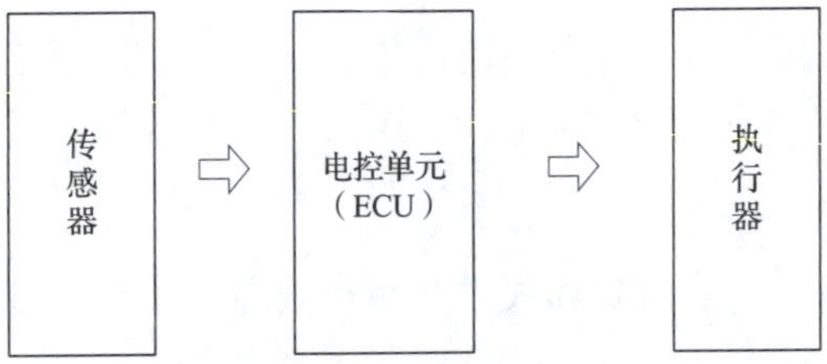

图 2—1—2　电子控制系统的表达方式

四、导线颜色和代码

汽车电气系统的导线有低压导线和高压导线两种。随着汽车用电设备的增加，导线数目也不断增多，为了便于识别，汽车低压导线用不同颜色标记，其中横截面积在 4 mm^2 以上的采用单色，在 4 mm^2 以下的采用双色。导线颜色的选用应优先选用单色，再选用双色。同时，在电路图上标记为相应的编号，编号由生产厂家统一规定。

单色导线和双色导线的说明见表 2—1—1。

表 2—1—1　　单色导线和双色导线的说明

导线类型	说　明
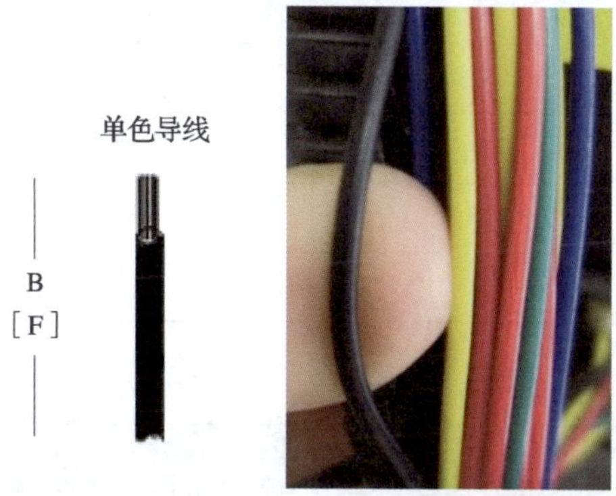	单色导线： 一种颜色的导线用 1 个字母表示，如字母 B 表示导线颜色为黑色
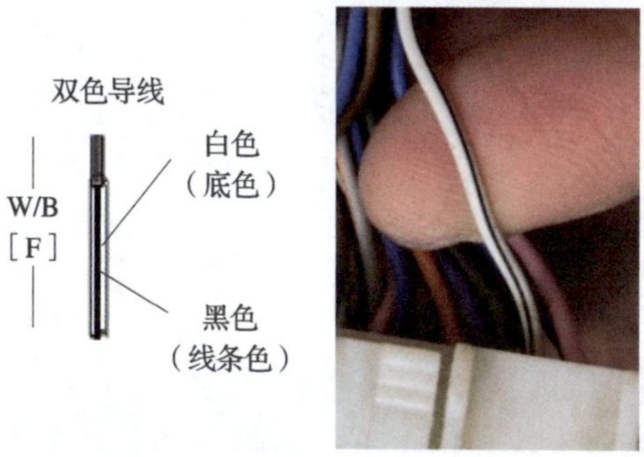	双色导线： 两种颜色的导线，用两个英文字母表示。第一个字母表示导线颜色（底色），第二个字母表示线条颜色，如 W/B 表示底色为白色，线条颜色为黑色

各车型导线颜色代码见表 2—1—2、表 2—1—3 和表 2—1—4。

表 2—1—2　　赛拉图汽车导线颜色代码

导线颜色	字母代码	导线颜色	字母代码
黑色	B	粉红色	P
棕色	BR	红色	R
绿色	G	银（浅蓝）	S

续表

导线颜色	字母代码	导线颜色	字母代码
灰色	GY	茶色	T
蓝色	L	紫色	V
浅绿色	LG	白色	W
橙色	O	黄色	Y

表 2—1—3　　奥迪 200 乘用车导线颜色代码

导线颜色	字母代码	导线颜色	字母代码
白	ws	蓝	bl
黑	sw	灰	gr
红	ro	粉	pi
棕	br	黄	ge
绿	gn		

表 2—1—4　　红旗乘用车导线颜色代码

导线颜色	字母代码	导线颜色	字母代码
白	W	黄	Y
棕	Br	灰	H
绿	G	蓝	L
紫	Z		

任务实施

一、电源及接线方法认知

1. 低压

汽油机电源系统额定电压一般为 12 V，柴油机电源系统额定电压一般为 24 V。

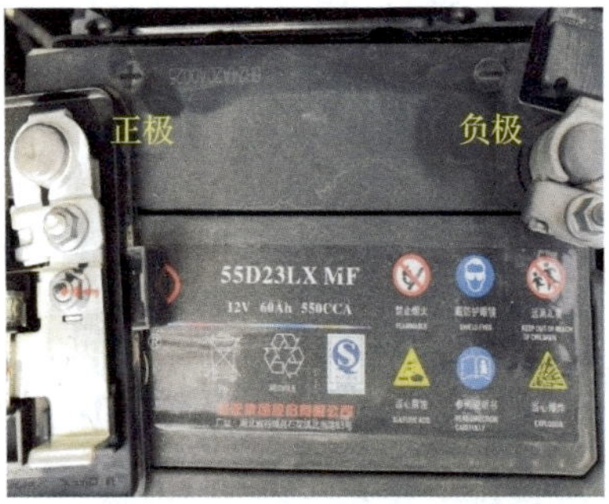

2. 直流

汽车电路采用直流电源，蓄电池是可逆直流电源；汽车上另一个电源是整体式交流发电机，经整流后输出也为直流电。

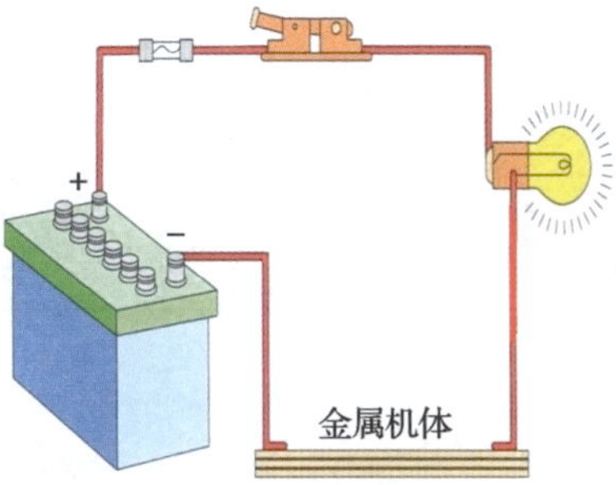

3. 单线制

汽车电路采用单线制连接，从电源到用电设备仅用一根导线连接，另一根导线用车架或车身金属部分代替。

4. 负极搭铁

电气设备和蓄电池的负极接车架或车身金属部分，即负极搭铁。

提示：

◆ 我国国家标准规定汽车线路统一采用负极搭铁。

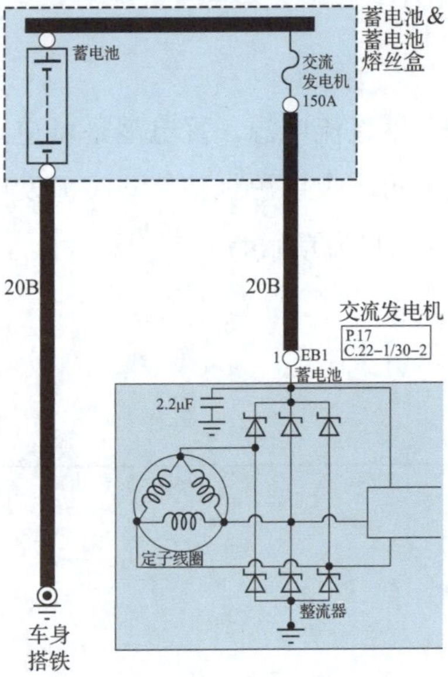

5. 并联连接

汽车上的两个电源（蓄电池与发电机）之间以及所有用电设备之间，都是并联连接，即为正极接正极，负极接负极。

如左图所示，蓄电池正极与发电机输出端通过导线相连，蓄电池负极和发电机整流器负极、外壳通过车身搭铁相连。

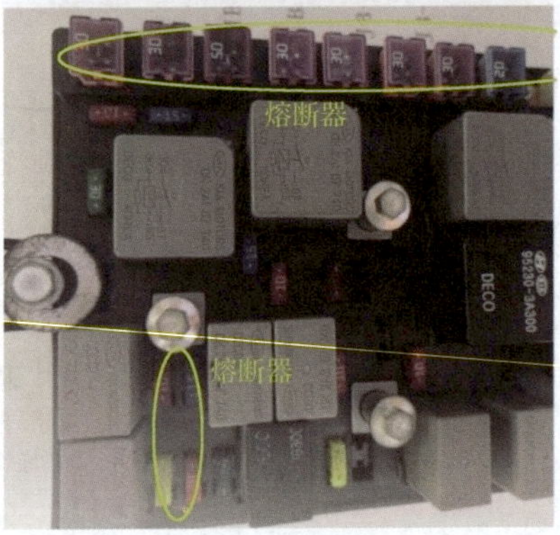

6. 保护装置

保护装置主要包括易熔线和熔断器等。

易熔线是一种截面积小于被保护电线截面积，可长时间通过额定电流的铜芯低压导线或合金线。用电设备电流过大、短路时易熔线就会自行断开，起保护线路和用电设备的作用。易熔线主要用于汽车蓄电池的正极上，起过载保护作用。

熔断器俗称熔丝，用于汽车电路用电器短路保护。

二、汽车电路系统认知

1. 充电系统

（1）整体式交流发电机

汽车发电机是汽车的主要电源，其作用是在发动机正常运转时（怠速以上），向所有用电设备（起动机除外）供电，同时给蓄电池充电。发电机安装在汽车发动机舱内。

（2）蓄电池

蓄电池为汽车的辅助电源，为可逆直流电源。蓄电池安装在汽车发动机舱内。

（3）充电指示灯

充电指示灯用于指示充电系统工作状态，充电指示灯亮为不充电状态，充电指示灯熄灭为充电状态。充电指示灯位于汽车仪表盘上。

2. 起动系统

（1）电源——蓄电池

汽车刚启动时，发电机未发电，只能由蓄电池供电。

	（2）点火开关 点火开关处于“START”启动挡位，该位置为点动模式，松开后自动复位至“ON”挡位。
	（3）起动继电器 起动继电器内有灭弧装置，可通过继电器间接控制大电流电路通断。
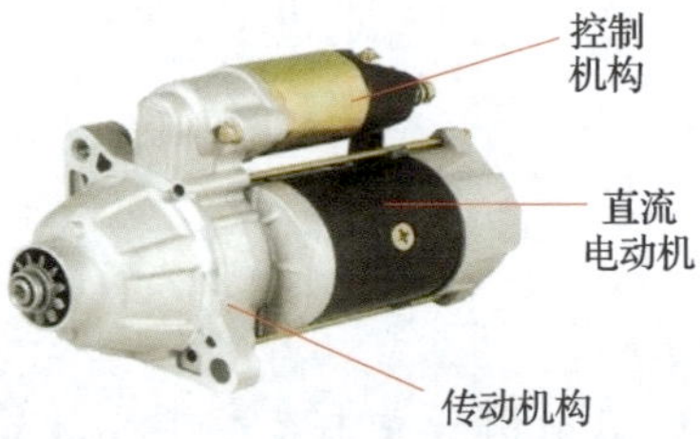	（4）起动机 汽车起动机采用直流电动机，提供大转矩启动发动机。
	**3. 点火系统** （1）点火开关 点火开关处于“ON”挡位，此时接通全车电路，点火系统通电工作。

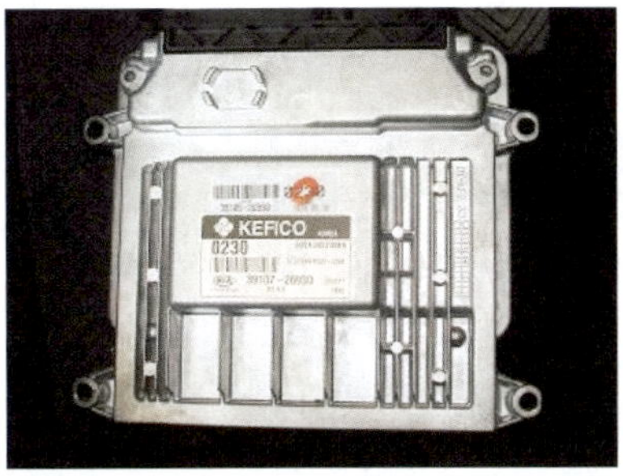	(2) 控制单元（ECU） 接收各传感器信号，确定最佳点火提前角和初级电路导通角，通过内部的运算处理，将信号传输给执行元件——点火控制器，实现最佳点火提前角的控制。
	(3) 传感器 1）凸轮轴位置传感器 检测凸轮轴的位置，并向 ECU 输送信号，以便控制点火正时。
	2）曲轴位置传感器 根据曲轴位置传感器的信号（Ne 信号）确定发动机的转速，以便确定基本点火提前角。
	3）爆燃传感器 检测发动机是否发生爆燃，ECU 根据此信号修正点火提前角。

	(4) 火花塞 产生电火花，点燃可燃混合气。
	(5) 点火线圈 将低压电转变为高压电，以满足火花塞的点火需要。 提示： ◆ 左图所示为独立点火的点火线圈。
	**4. 照明与信号系统** (1) 前组合灯 包括前照灯（远光、近光）、示宽灯和转向灯。
	(2) 后组合灯 包括制动灯、倒车灯、转向灯、尾灯和后雾灯。

	（3）前雾灯 前雾灯作为辅助照明，在雾天使用，但不是必须配置，现在部分国家已取消前雾灯。
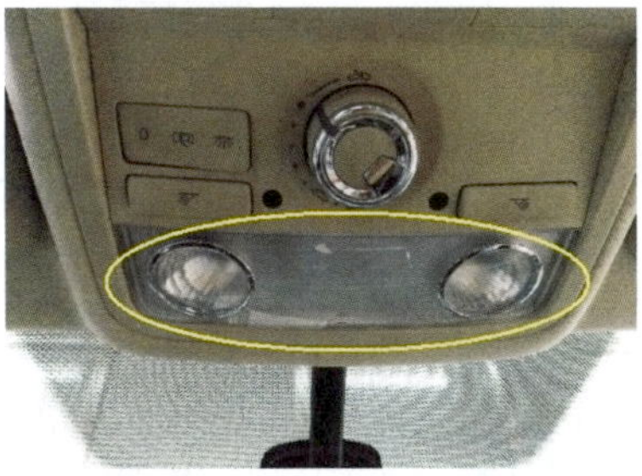	（4）车内照明灯 车内照明灯包括仪表照明灯、阅读灯、杂物箱灯、化妆灯、门灯、行李舱灯等。 提示： ◆ 左图所示为前排阅读灯。
	（5）电喇叭 电喇叭作为信号系统中的声音信号，在行驶过程中，发出必需的音响信号，用于警告行人和引起其他车辆注意。
	**5. 仪表与报警系统** （1）仪表 包括车速表、里程表、发动机转速表、燃油表、冷却液温度表等。 （2）报警装置 包括机油压力报警灯、充电指示灯、发动机故障报警灯、ABS 故障报警灯等。

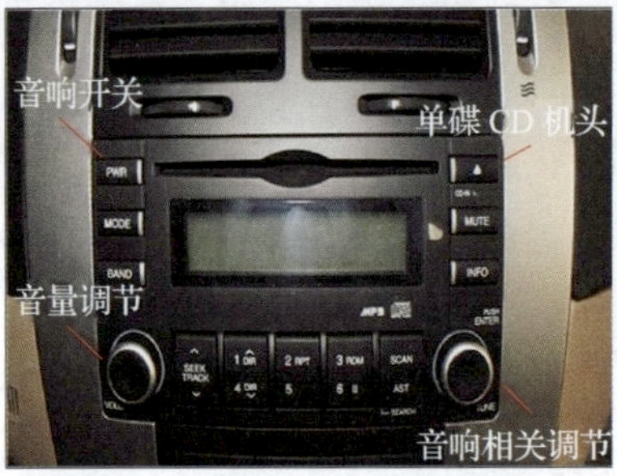	**6. 辅助装置系统** (1) 汽车音响 为减轻驾驶员和乘员旅行中的枯燥感，汽车通常设置有音响装置。
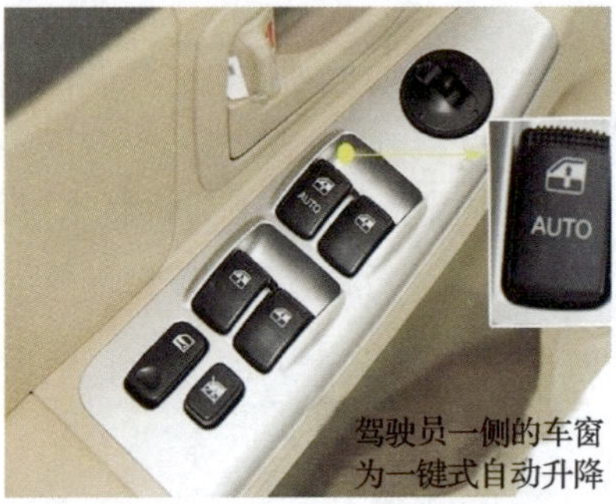	(2) 电动车窗 通过车载电源来驱动玻璃升降器电动机，使升降器上下运动，带动车窗玻璃上下运动，达到车窗自动开闭的目的。
	(3) 电动刮水器和洗涤器 用于洗涤并刮除风窗玻璃上的脏污。
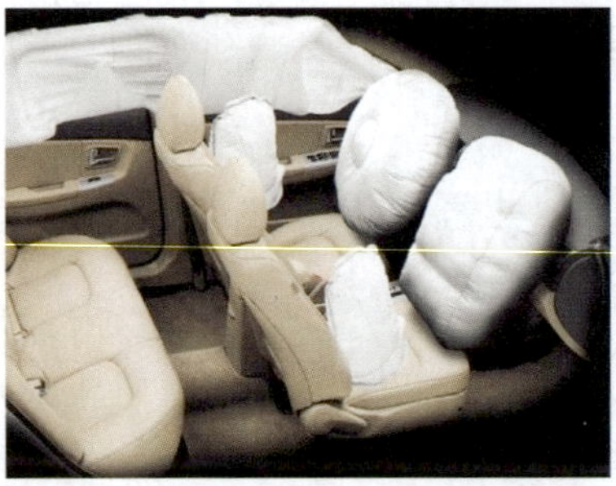	(4) 安全气囊 用于在车辆发生猛烈撞击时对乘员胸部和脑部等部位进行有效保护。

考评标准表——汽车电气系统的认知

时间：30 min

序号	项目	分值	评分标准	评价结果
1	描述汽车电气系统电路的特点	10	少说一项扣 2 分	
2	认知汽车电气系统的组成	10	少说一项扣 2 分	
3	汽车充电系统认知	10	在实车上指出组成部件，少一项扣 2 分	
4	汽车起动系统认知	10	在实车上指出组成部件，少一项扣 2 分	
5	汽车点火系统认知	10	在实车上指出组成部件，少一项扣 2 分	
6	汽车照明与信号系统认知	15	在实车上指出组成部件，少一项扣 2 分	
7	汽车仪表与报警系统认知	15	在实车上指出仪表和报警灯，少一项扣 2 分	
8	汽车辅助装置系统认知	10	在实车上指出组成部件，少一项扣 2 分	
9	识读汽车电路导线颜色及其代码	10	在实车上分辨导线颜色，不正确酌情扣分	
分数合计		100		

任务 2　汽车电路图的认知与识读

实训目标

1. 了解汽车电路图的作用。
2. 了解汽车电路图的种类及绘制方法。
3. 掌握汽车电路图的识读方法。

实训准备

1. 设备：整车、汽车电路台架。
2. 材料：汽车电路系统挂图。
3. 场地：汽车电气（一体化）实训室。

工作任务

随着汽车上电气设备数量的增多，汽车电路越来越复杂，当电路出现故障时，首先要清楚电气设备的工作原理和控制关系，才能正确进行分析和检测，最终排除故障。在对汽车电路进行修理时，修理人员要查看汽车电路图，那么，怎样才能读懂汽车电路图呢？

知识储备

一、汽车电路图的作用

汽车电路图是检修汽车电气系统时必须参考的基本资料。由于各汽车制造厂在绘制汽车电路图时风格各异，以及电子控制技术在现代汽车上的广泛应用，使得汽车电路图的种类较多且日趋复杂。

维修人员在读懂汽车某个系统的电路图后，能很快地掌握其工作原理，从而在电路发生故障时较快地判断出可能的故障点，实施检测并排除故障。

二、汽车电路图的种类及绘制方法

汽车电路图的表达方法主要有原理图、接线图、线束图和元件位置图等。

1. 原理图

原理图是用简明的图形符号按电路原理将每个系统由上到下合理地连接起来，再将每个系统合理排列而成，如图 2—2—1 所示。

特点：这种画法是对汽车电路的高度简化，图面清晰，电路简单明了、通俗易懂，电路连接控制关系清楚，因此对迅速分析及排除电气设备故障十分有利。

2. 接线图

接线图是为了表达电气元件的每一个接线柱、继电器的每一个插脚及中央控制盒的每一个端子，以及线束的每一个插接器插脚之间的连接关系而绘制的，主要用来指导电气元件和线束的装配，如图 2—2—2 所示。

特点：接线图是一种介于原理图与线束图之间的表达方式，它既表达电路连接关系，又表达电路工作原理。

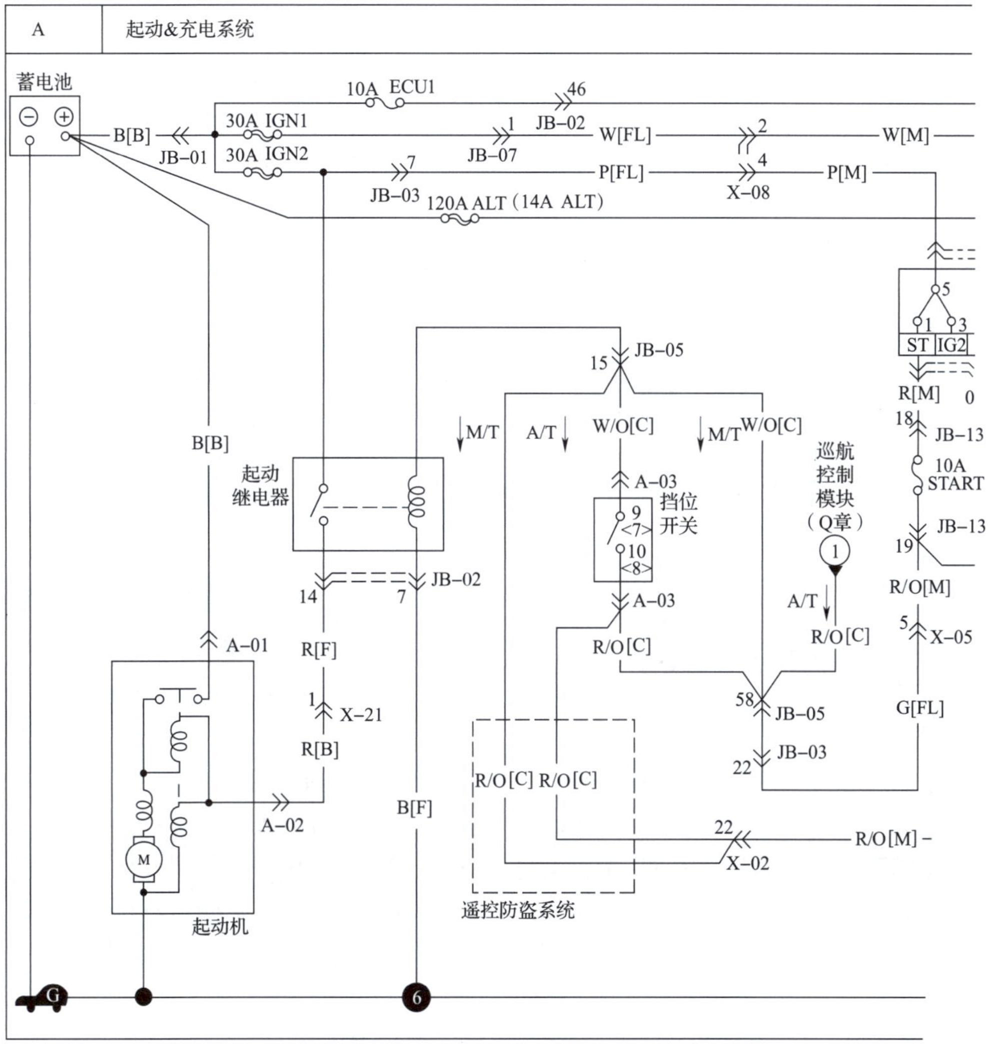

图 2—2—1　赛拉图起动、充电系统原理图（部分）

3. 线束图

线束图是将有关电器的导线汇合在一起组成线束，以便在汽车上安装，如图 2—2—3 所示。一套完整的线束图一般包括发动机线束图、仪表板线束图、车身线束图、空调线束图等。

特点：线束图不说明线路走向，按图上标明的序号连接到相应的电器接线柱或连接器上，便能完成全车线路的安装。

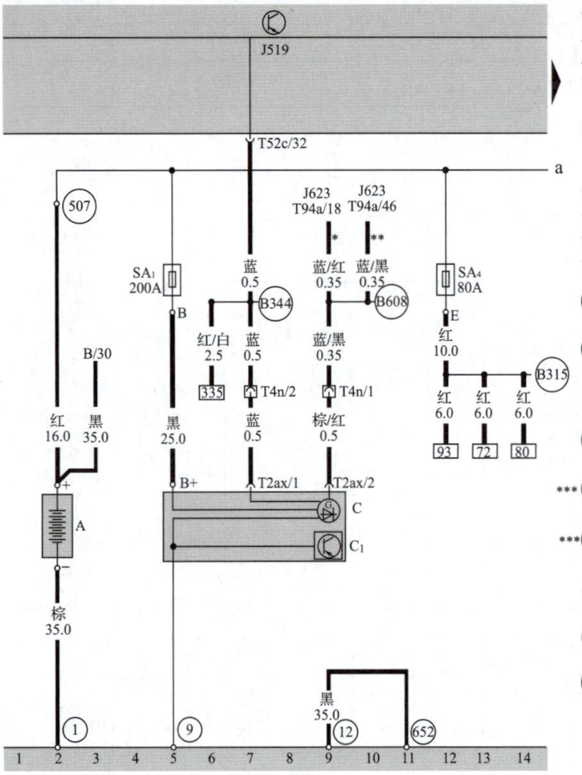

A—蓄电池
B—起动电动机
C—交流发电机
C₁—电压调节器
J519—BCM车身控制单元，在仪表板左侧下方
J623—发动机控制单元，在发动机舱内蓄电池左侧
SA₁—熔丝1，200A，交流发电机熔丝，在发动机舱内左侧电控箱前面熔丝架上B号位
SA₄—熔丝4，80A，仪表板左侧下方熔丝盒内30号总线供电熔丝，在发动机舱内左侧电控箱前面熔丝架上E号位
T2ax—2针插头，黑色，交流发电机插头
T4n—4针插头，黑色，在发动机舱前部，左前纵梁右侧
T52c—52针插头，棕色，在BCM车身控制单元上C号位
T94a—94针插头，黑色，发动机控制单元插头
(1)—接地点，蓄电池-车身，在左前悬挂处车身上
(9)—接地点，自身接地
(12)—接地点，在左前纵梁上，近变速箱处
(507)—正极螺栓连接点（30），在发动机舱内左侧电控箱前面的主熔丝支架上
*** (652)—接地点，变速箱接地/发动机接地，在起动电动机固定螺栓上
*** (652)—接地点，变速箱接地/发动机接地，在变速箱左侧支承上
(B315)—正极连接线（30a），在主导线束中
(B344)—连接线（61），在主导线束中
(B608)—连接线，在主导线束中
* —用于装备1.4T发动机标识字母CFB的车型
** —用于装备1.8T发动机标识字母CEA/2.0T发动机标识字母CGM的车型
*** —用于装备5挡手动变速箱标识字母LEL的车型
**** —用于装备双离合器变速箱0AM/双离合器变速箱02E的车型

图 2—2—2　帕萨特蓄电池、发电机、BCM 接线图

4. 元件位置图

现代乘用车结构紧凑，不同车型电器件的结构布局有很大差别。一些电器件比较隐蔽，为了维修和排除故障时查找方便，绘制出电器的元件位置图（见图 2—2—4）。

特点：在该图中，元件在图中的位置与实车上一致，直观明了。

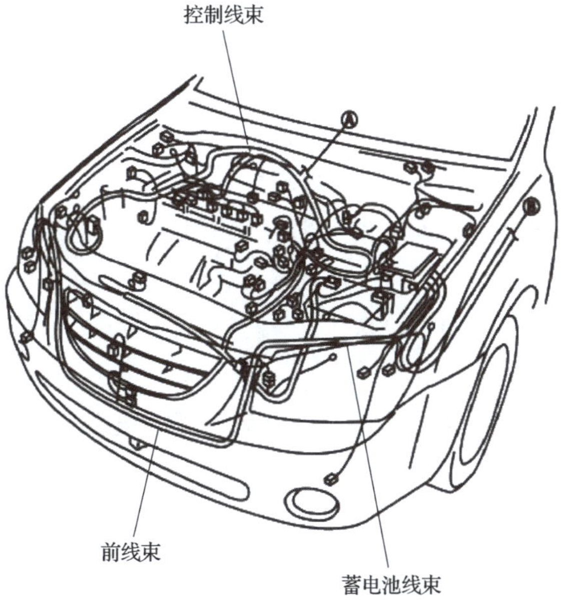

图 2—2—3　赛拉图汽车线束图（部分）

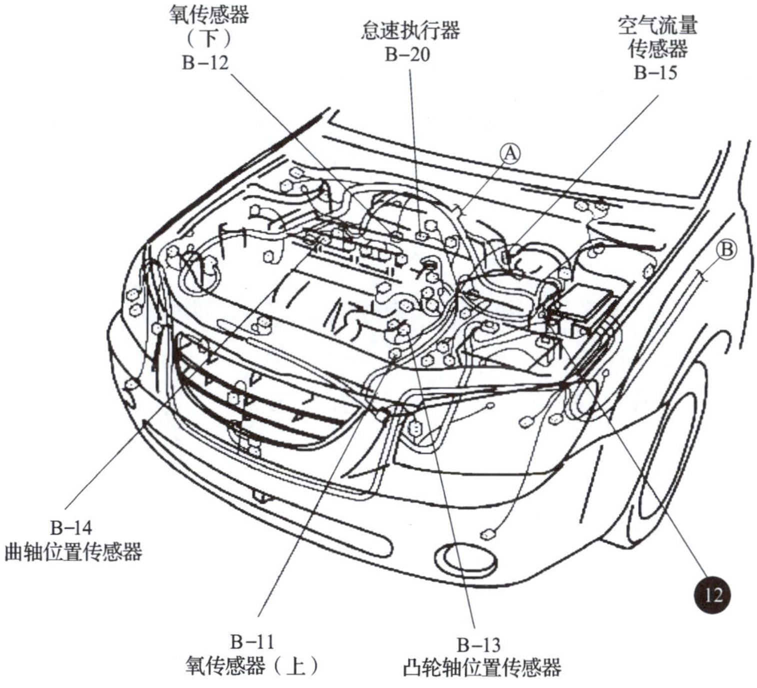

图 2—2—4　元件位置图

三、汽车电路图的识读方法

在了解了汽车电路图的种类，清楚了汽车电路图中的电线及接线柱标志后，可按下列方法对整车电路进行识读。

1. 善于化整为零

按整车电路系统的各功能及工作原理可将全车电气系统划分为若干独立的电路系统，分别进行分析。整车电路一般可分为电源、起动、点火、照明、信号、仪表报警、辅助电器等系统。这样化整体为部分，可以有重点地进行分析，并且各个单元电路有其自身的特点，以其自身的特点为指导去分析电路就会减少盲目性。

为了阅读方便，现在多数汽车的电路原理图按各个电路系统分别绘制。

2. 认真阅读图注

在阅读局部电路图时，首先必须认真阅读图注，了解该部分电路所包含的电气设备种类、数量等，有利于在读图中抓住重点。

3. 熟悉电器元件及配线

在分析某个电路系统时，要了解该电路中所包括的各部件的功能、作用及技术参数等。

现代汽车中的线路如同人的神经系统一样分布在各个区域，其复杂程度与日俱增，而线路中的配线连接器、接线盒、继电器、接地点等如同神经系统中的“节点”。所以熟悉这些电器元件在电路图中的表示符号、位置、连接方式、内部电路，对阅读汽车电路图有很大帮助。

4. 注意开关的作用

开关是控制电路通断的关键。通常按控制开关的功能及不同工作状态来分析电路的工作原理。在电路图中，机械开关总是处于零位，即处于断开状态；电子开关的状态则视具体情况而定。

在某些复杂电路控制中，一个主开关往往汇集许多导线，分析汽车电路时应注意以下几个问题。

（1）电源的电流是通过什么路径到达这个开关的？中间是否经过其他的开关或熔断器？这个开关是手动的还是电控的？

（2）这个开关控制哪些用电器？每个被控用电器的作用是什么？

（3）开关的许多接线柱中，哪些是直通电源的？哪些是接用电器的？接线柱旁是否有接线标志？这些标志是否常见？

（4）开关一共有几个挡位？在每一挡中，哪些接线柱有电？哪些没电？

（5）在被控的用电器中，哪些用电器应经常接通？哪些应短暂接通？哪些应先接通？哪些应后接通？哪些应当单独工作？哪些应当同时工作？哪些用电器不允许同时接通？

5. 了解继电器的工作状态

现代汽车电路中经常采用各种继电器对一些复杂电路进行控制，了解继电器的工作状态，特别是一些电子继电器的工作状态，对分析电路有很大帮助。

阅读电路图的主电路部分时，可以将含有线圈和触点的继电器看成是由线圈工作的控制电路和触点，工作主电路中的触点只有在线圈电路中有电流流过后才能动作。此外，还要分清继电器的类型。

6. 遵循回路原则

在阅读电路图时应掌握回路原则，即电路中工作电流是由电源正极流出，经用电设备后流回电源负极。电路中只有当电流流过用电设备时，用电设备才能工作。

在阅读电路图时常见的错误有：

（1）从电源正极出发，经过用电设备（或再经其他电气设备）又回到了电源正极。

（2）将发电机、蓄电池这两个电源当成一个电源，常从一个电源的正极出发，经过用电器后回到另一个电源的负极，实际上并未构成真正的通路，也就不能产生电流。

（3）虽然注意到了回路原则，但在电流方向上却是随意的，有时从电源的负极出发，经用电器后回到电源的正极。

任务实施

汽车电路图的识读——赛拉图起动系统电路分析

1. 善于化整为零

现代汽车电气设备越来越多，电路图也越来越复杂，所以在电路图绘制时厂家会根据功能将其分解为各个系统的电路图，如可以通过维修电路图目录（见图 2—2—5）查找出起动系统的电路图，在代号为 A 的位置。

2. 认真阅读图注

在识读电路图前应先阅读给出的相应电路图的图注。

图 2—2—6 所示为电路图搭铁，图注标示出各搭铁点在实车和电路图上的对应关系。

名　　称		代　　号
● 如何使用本手册		GI
● 电路图读法		W–1，W–2
● 搭铁点		Y–1，Y–2
● 起动系统&充电系统		A
● 发动机/变速器控制系统	2.0 DOHC	B–1a，B–1b，B–1c，B–1d，B–1e，B–1f
	1.6 DOHC	B–2a，B–2b，B–2c，B–2d，B–2e，B–2f
	DIESEL	B–3a，B–3b，B–3c，B–3d，B–3e
● 冷却系统		B–4
● 燃油滤清器加热系统		B–5
● 仪表盘&警告灯		C–1a，C–1b，C–1c
● 刮水器&喷水器系统		D
● 前照灯		E–1
● 尾灯，前雾灯		E–2
● 后雾灯，前照灯水平调整装置（HLLD）		E–3
● 转向&危险警告闪光器		F–1
● 喇叭、制动灯、倒车灯、ECM模块		F–2
● 加热器&空调系统	LOGIC	G–1a，G–1b
	FATC	G–2a，G–2b
● PTC加热器		G–3
● 室内灯、车门开关、接收器、防盗报警喇叭、门开锁开关、门警告灯开关		I–1a，I–1b
● 车身控制系统（BCM）		I–2a，I–2b，I–2c
● 照明灯、仪表灯控制开关		I–3a，I–3b
● 音响系统		J
● 电动门窗系统		K–1a，K–1b
● 电动门闭锁系统		K–2
● 电动后视镜系统		L
● 天窗系统		M
● 防抱死制动系统（ABS）&变速器控制系统（TCS）		O
● 座椅加热系统		P
● 巡航控制系统		Q
● 安全气囊系统		S–1a，S–1b
● 后除霜器、行李舱打开开关		T–1
● 电源插座、电子表、点烟器		T–2
● 诊断连接器、OBD–Ⅱ连接器		U
● 公用连接器		X–1，X–2，X–3，X–4
● 短接连接器		SC
● 接线盒		JB–1，JB–2

通过目录查找出起动系统电路图位置

图 2—2—5　起亚赛拉图维修电路图目录

电路图判读法

◆ 搭铁点

- 下图表示电路图上的搭铁位置。

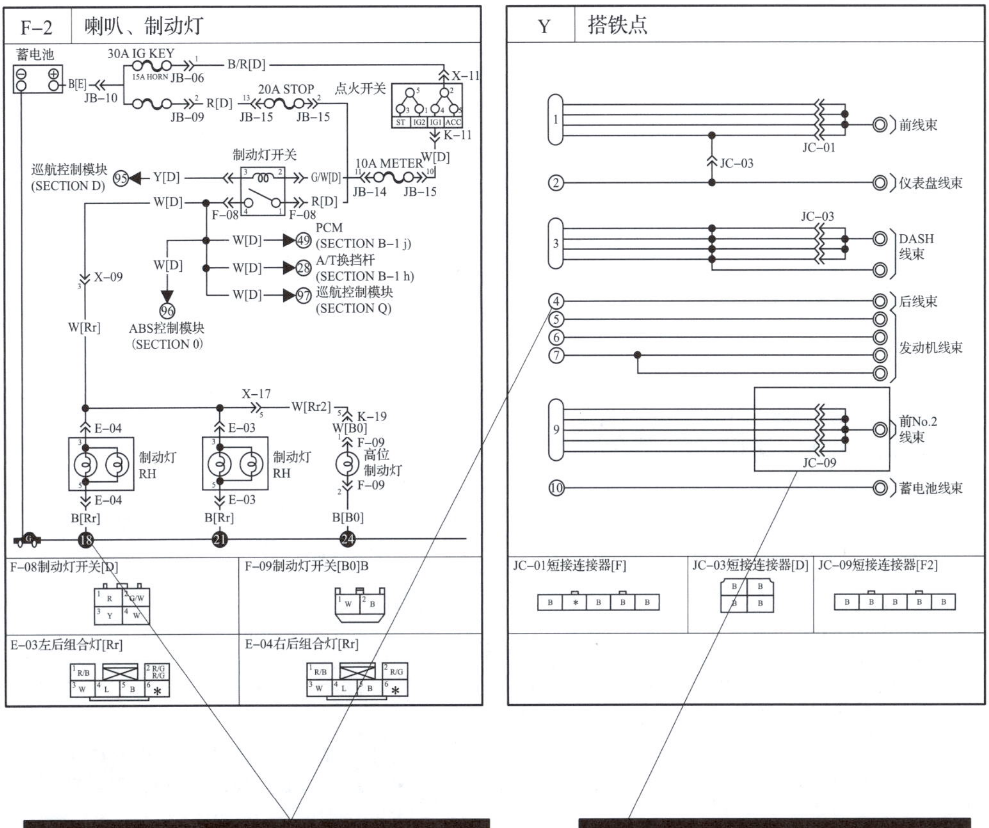

电路图和搭铁点

系统电路图上的搭铁连接号与搭铁点号相一致。

搭铁表示

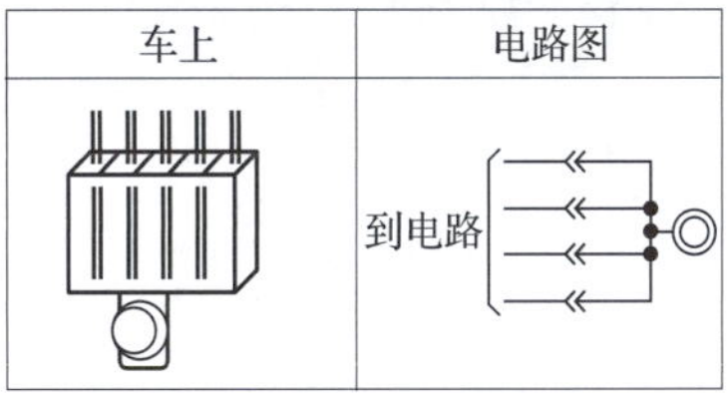

图 2—2—6　电路图搭铁图注

图 2—2—7 所示为连接器图，图注标示出各连接器在电路图上的代码。

◆ 系统电路图与连接器图

- 系统电路图与连接器图表示从蓄电池到搭铁之间各系统电路。
  电源部分在电路图上端表示，搭铁部分在电路图下端表示，以点火开关“OFF”状态为基准表示。

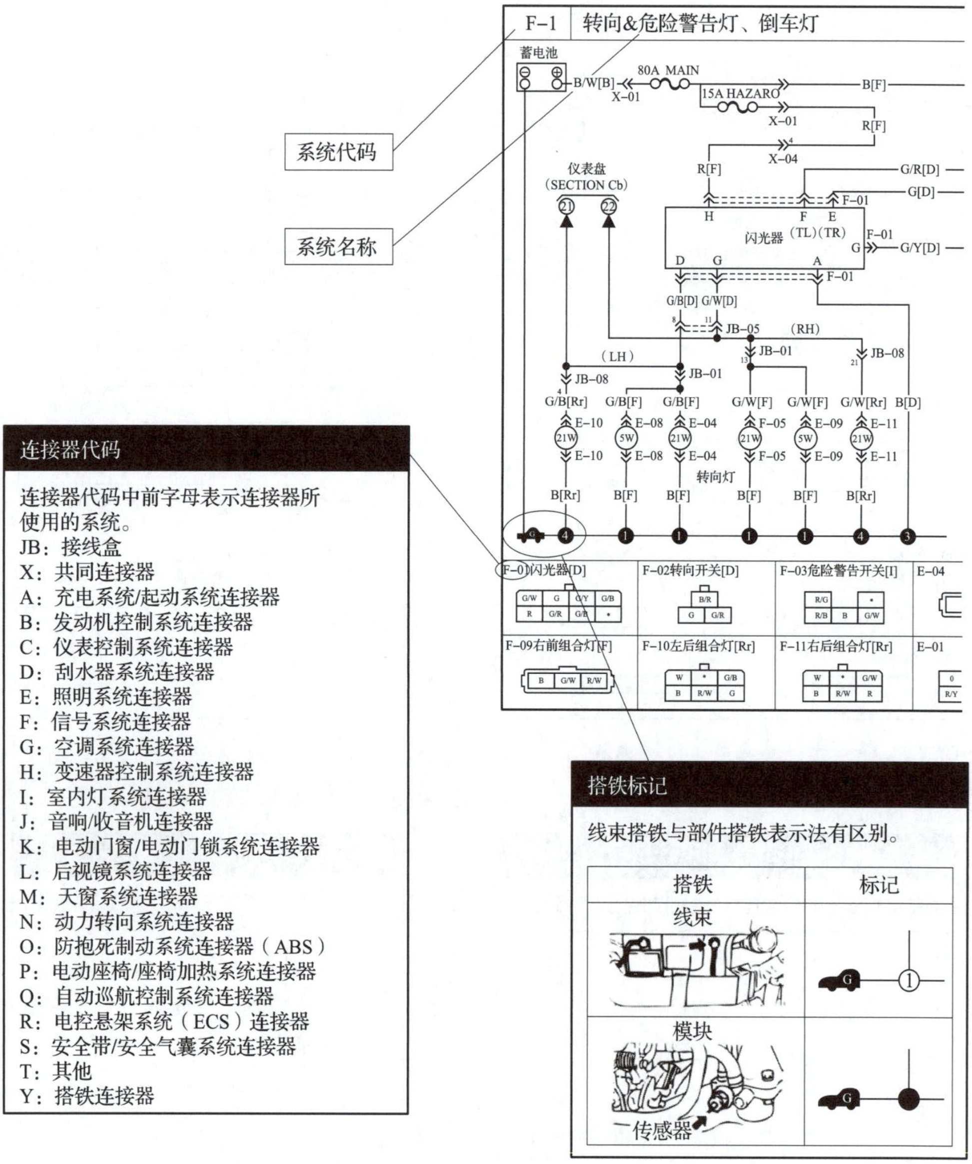

图 2—2—7　连接器图图注

图 2—2—8 所示为位置图，图注说明各线束在电路上的标记。

◆ 位置图

- 位置图表示以代号标记的导线、连接器及用电设备的安装位置。

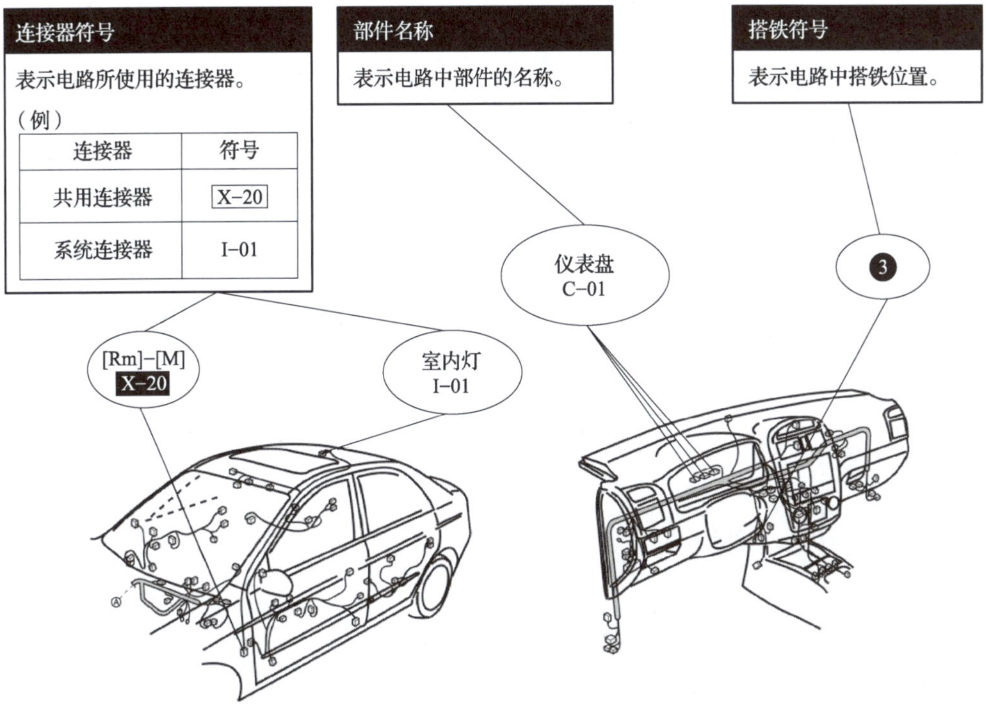

◆ 线束区分

线束名称	标记	线束名称	标记
前线束	[F]	左前门线束	[Dr]
主线束	[M]	右前门线束	[Dr2]
控制线束	[C]	左后门线束	[Dr3]
空调线束	[AC]	右后门线束	[Dr4]
底板线束	[FL]	行李舱盖线束	[TL]
安全气囊线束	[AB]	蓄电池线束	[B]
室内线束	[Rm]	喷油嘴线束	[INJ]
AIRBAG EXTENSION HARNESS	[ABE]	底板控制台线束	[FC]

图 2—2—8　位置图图注

3. 开关、继电器分析，回路原则的应用

（1）在代号 A 的位置，找出起动 & 充电系统电路图（见图 2—2—9）。

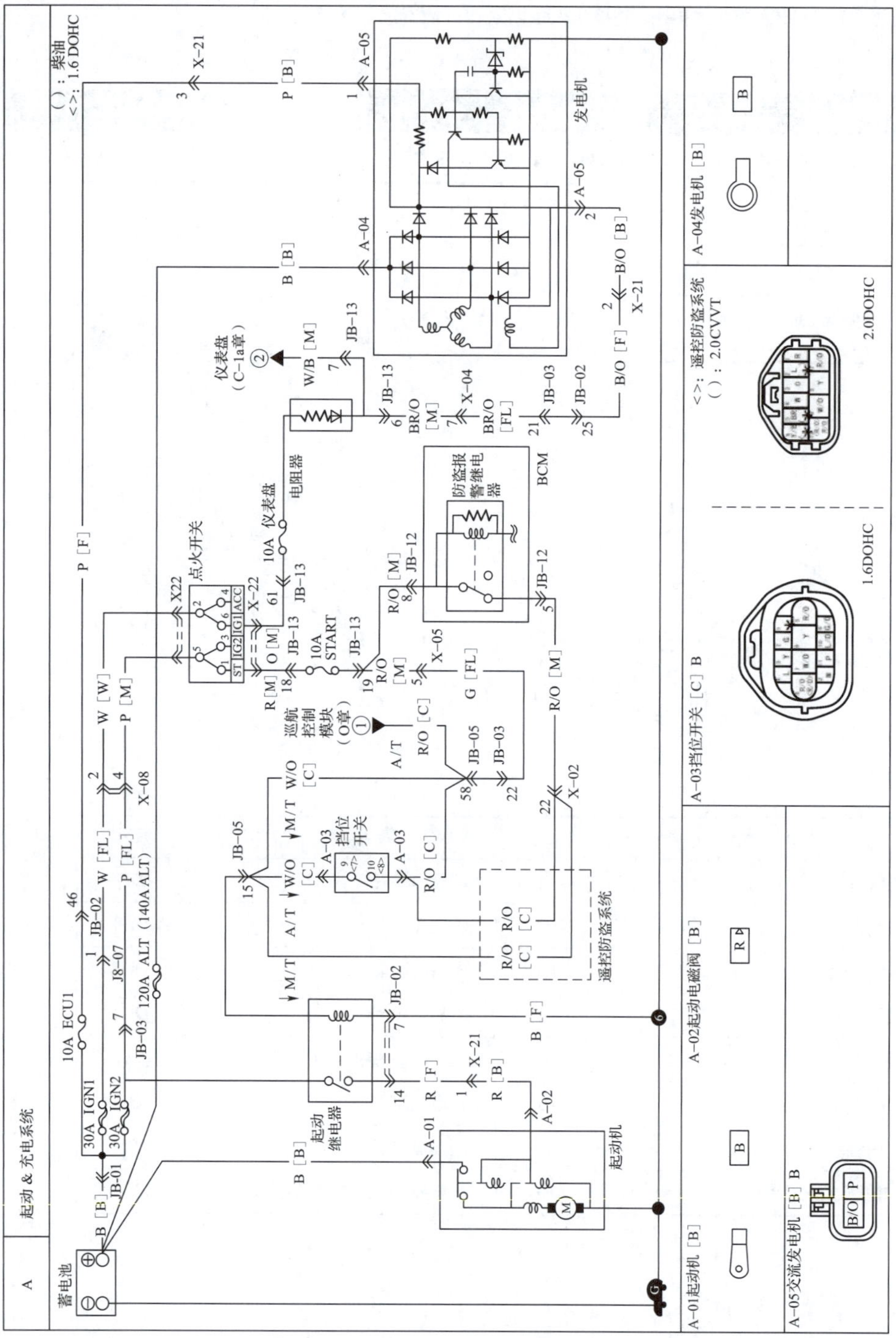

图 2—2—9　起动系统电路图

（2）起动系统通常由蓄电池、起动机、起动继电器、点火开关、熔断器等元件组成。故除以上元件及元件之间的接线，连接发电机的电路部分不分析。

（3）点火开关分析：点火开关共有六个端子，启动时点火开关置于启动挡，此时 1 号端子接通 5 号端子，接通起动继电器电路；松开点火开关，1、5 号端子断开，起动继电器电路断开。

（4）起动继电器：控制起动机电路通断，在点火开关置于启动挡时，起动继电器线圈电路接通，触点闭合，接通起动机电路。

（5）回路原则

1）起动机主电路分析（见图 2—2—10）

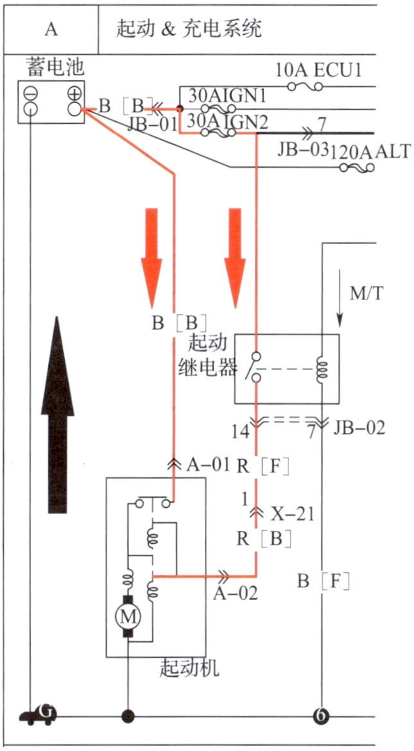

图 2—2—10　起动机主电路分析

①从蓄电池正极出发，经过蓄电池线束中黑色导线 B［B］，接起动机 A-01 端子，经过起动机、起动机外壳搭铁、蓄电池搭铁电缆回蓄电池负极。在电磁开关闭合后，起动机通电工作，带动发动机启动。

②从蓄电池正极出发，经过 B［B］导线接 JB-01 端子，经 30 A IGN2 熔断器、起动继电器常开触点、JB-02-14 端子、R［F］导线接 X-21-1 端子，经 R［B］导线接起动机 A-02 端子，经起动机、起动机外壳搭铁、蓄电池搭铁电缆回蓄电池

课题三 充电系统检测与维修

任务1 充电系统的拆装

实训目标

1. 了解汽车充电系统的组成元件。
2. 掌握汽车充电系统的拆装方法。

实训准备

1. 设备：整车、举升机、汽车电路台架、蓄电池、交流发电机、常用工具。
2. 材料：汽车电路系统挂图。
3. 场地：汽车电气（一体化）实训室。

工作任务

现代汽车上电气设备要能正常工作，离不开充电系统。发动机起动系统工作需要充电系统提供强大的起动电流；汽油发动机正常运转，需要电源提供点火的能量；汽车灯光照明、音响等娱乐设备要想正常工作都需要电源。那么，充电系统由哪几部分组成？其工作过程是怎样的？

知识储备

充电系统的组成

1. 蓄电池

（1）蓄电池的位置

蓄电池一般位于发动机舱内，如图3—1—1所示。

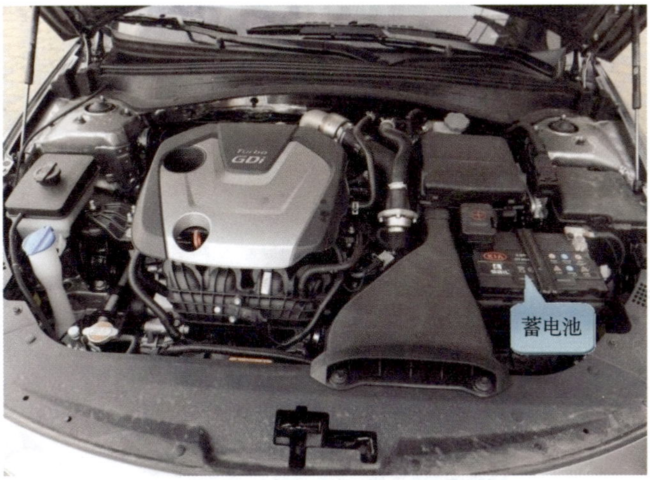

图 3—1—1　蓄电池的位置

（2）蓄电池的作用

1）发动机启动时，向起动机和点火系统供电。

2）发动机低速运转时，向用电设备和发电机励磁绕组供电。

3）发动机中、高速运转时，将发电机剩余电能储存起来。

4）发电机过载时，协助发电机向用电设备供电。

5）吸收电路中出现的瞬时过电压，保护电子元件，保持汽车电气系统电压稳定。

2. 发电机

（1）发电机的位置

发电机的位置及外观如图 3—1—2 所示。

图 3—1—2　发电机的位置及外观

（2）发电机的作用

交流发电机是汽车的主要电源，它与电压调节器互相配合工作，其主要任务是对除起动机以外的所有用电设备供电，并向汽车上的蓄电池充电。

3. 熔断器

熔断器连接在电源与用电设备之间，当电气设备及电路发生短路或过载时，熔断器切断电路，保证电气设备及电路的安全。

4. 充电指示灯

充电指示灯一般位于汽车仪表盘上，如图 3—1—3 所示。

图 3—1—3　充电指示灯的位置

任务实施

一、蓄电池的更换

蓄电池一般 2 ~ 3 年更换一次，可根据汽车的保养情况、行驶习惯和蓄电池本身质量来确定最终更换时间。如遇以下情况需更换蓄电池。

（1）汽车在怠速时，前照灯灯光突然变暗，如是蓄电池的问题，需更换。

（2）多次出现停驶后启动困难，是蓄电池需要更换的前兆。

（3）蓄电池故障灯亮，提示应更换蓄电池。

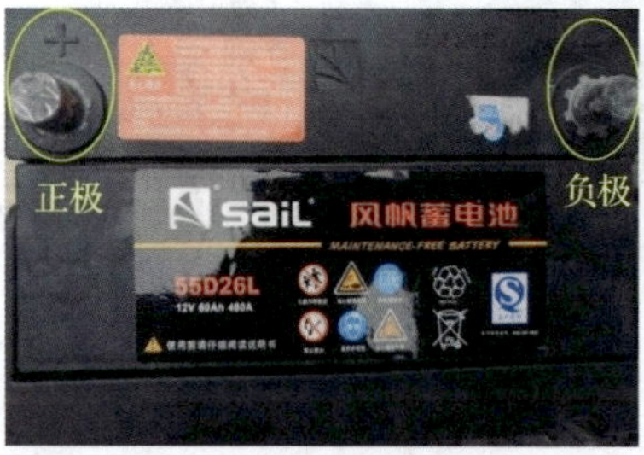

1. 认识蓄电池极柱。

（1）正极柱（+）

提示：

◆ 一般有几根接线并联，分别是起动线、蓄电池充电线和熔丝盒供电线。

（2）负极柱（–）

提示：

◆ 由导线连接到车架搭铁。

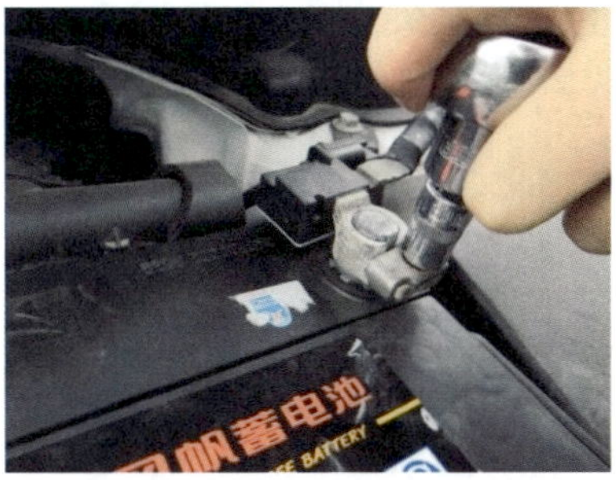	2．松开负极紧固螺母，拆卸负极。 提示： ◆ 拆卸蓄电池时应先拆负极，后拆正极。 ◆ 安装蓄电池时应先装正极，后装负极。
	3．松开正极紧固螺母，拆卸正极连接端子。 提示： ◆ 按拆卸时的相反顺序进行安装。
	4．松开蓄电池位置固定紧固螺栓。 提示： ◆ 松开位置固定紧固螺栓，蓄电池就能活动，安装时一定要紧固该螺栓。
	5．更换蓄电池。 提示： ◆ 不同型号蓄电池的容量、尺寸不同，更换时需符合原位置尺寸。

二、交流发电机的拆装

	1．拆卸蓄电池负极。
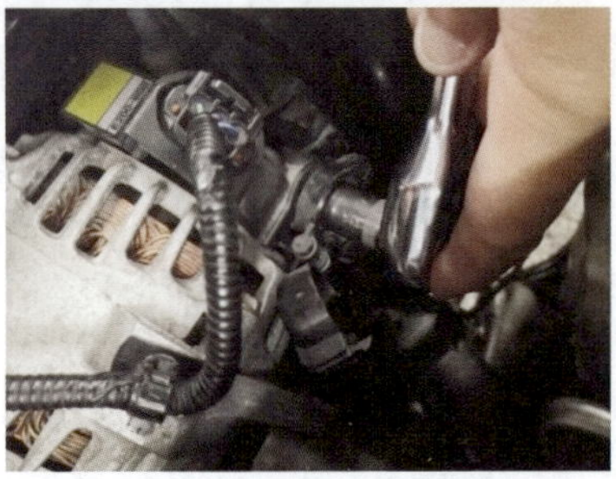	2．分离交流发电机上的“B”端子导线。 提示： ◆ 拆卸紧固螺母。
	3．分离交流发电机连接器。 提示： ◆ 拆卸插接器。
	4．拆卸交流发电机调节螺栓。

	5．拆卸交流发电机传动带。
	6．拆卸交流发电机固定螺栓。 提示： ◆ 取出发电机，进行更换。
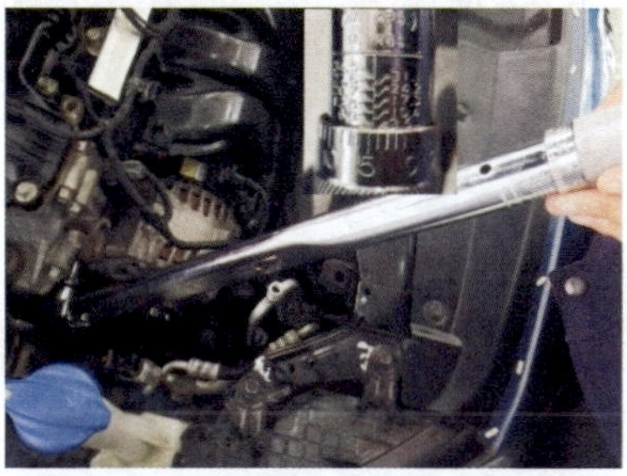 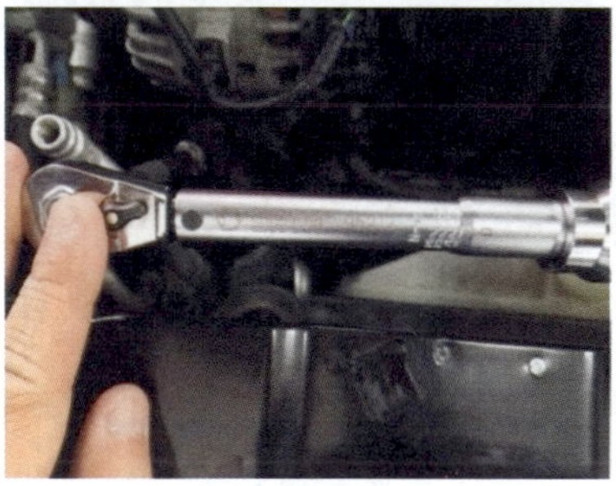	7．安装发电机。 提示： ◆ 按拆卸时的相反顺序进行安装。 ◆ 交流发电机固定螺栓紧固力矩为 29.4 ～ 41.2 N · m（3.0 ～ 4.2 kgf · m）。 ◆ 调整调节螺栓，调节交流发电机传动带张紧力。 调节螺栓紧固力矩为 19.6 ～ 26.5 N · m（2.0 ～ 2.7 kgf · m）。

考评标准表——充电系统的拆装

时间：20 min

序号	项目	分值	评分标准	评价结果
1	汽车蓄电池的认知	5	在实车上指出实际位置	
2	描述汽车蓄电池的作用	15	少说一项扣 3 分	
3	汽车发电机的认知	5	在实车上指出实际位置	
4	描述汽车发电机的作用	5	少说一项扣 2 分	
5	汽车充电系统其他元件认知	10	在实车上指出其他组成部件，少一项扣 2 分	
6	蓄电池的拆装与更换	20	拆装步骤每错一处扣 5 分	
7	发电机的拆装与更换	40	拆装方法与步骤每错一处扣 5 分	
分数合计		100		

任务 2　蓄电池的检测与维护

实训目标

1. 了解蓄电池的结构及分类。
2. 掌握蓄电池的技术参数及检测方法。

实训准备

1. 设备：整车、汽车电路台架、蓄电池、常用工具、万用表、清洁布。
2. 材料：汽车电路系统挂图。
3. 场地：汽车电气（一体化）实训室。

工作任务

当汽车充电系统出现问题时，汽车的运行就会受到影响。本任务要求对蓄电池进行检测与维护，解决常见性问题，使蓄电池性能良好，保证汽车正常工作。

知识储备

一、蓄电池的结构

蓄电池俗称“电瓶”，是一种可逆直流电源。它既能将储存的化学物质所产生的化学能转换为电能输出（放电），又能将电能转换为化学能储存起来（充电），汽车上广泛采用起动型铅酸蓄电池。

如图 3—2—1 所示，普通铅酸蓄电池由正极板、负极板、隔板、电解液、外壳、蓄电池盖和极柱等组成。正极板（活性物质为深棕色二氧化铅）和负极板（活性物质为青灰色海绵状纯铅）浸泡在电解液中，电解液是硫酸的水溶液，其密度在 25℃时，一般为 1.24 ~ 1.30 g/cm^3。

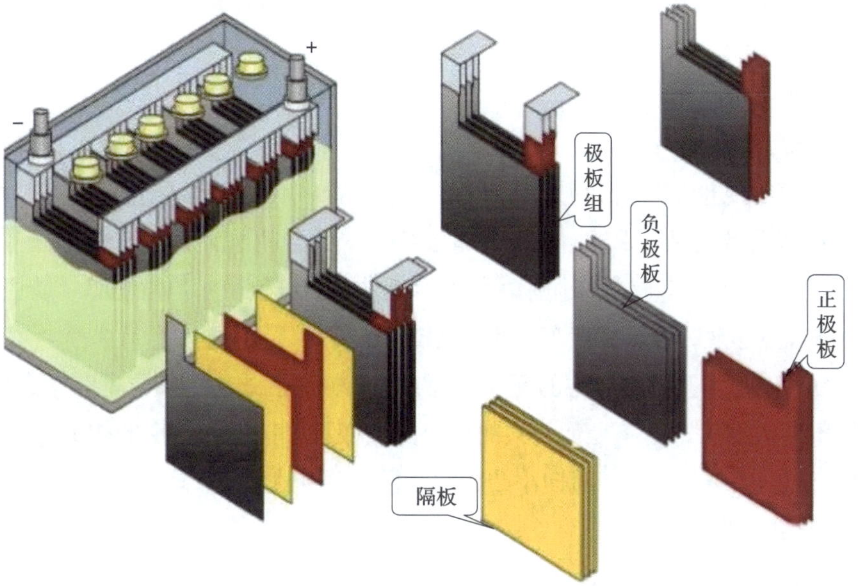

图 3—2—1　蓄电池的内部结构

蓄电池的工作原理就是化学能和电能的相互转化，其充、放电化学工程式为：

$2PbSO_4+2H_2O$ ══ Pb（负极）+PbO_2（正极）+$2H_2SO_4$（充电反应）

Pb（负极）+PbO_2（正极）+$2H_2SO_4$ ══ $2PbSO_4+2H_2O$（放电反应）

二、蓄电池的分类

蓄电池可分为免维护蓄电池、混合蓄电池、复合蓄电池等。

1. 免维护蓄电池

（1）结构

现在汽车上使用的大多为免维护蓄电池。免维护蓄电池与普通蓄电池在结构上有两个不同之处，即极板机构（格栅）和水的利用。免维护蓄电池除需要保持表面清洁外，不需要做其他维护。

（2）优点

1）在极板上部能储存更多的电解液。

2）有极大的抗过充电能力。

3）存放寿命长。

4）可带电解液大量装运，减少了事故发生及人员伤害的可能性。

5）冷启动额定电流高。

（3）缺点

1）蓄电池在高温下工作时，其格栅会变厚，使极间距离变小。

2）不能承受深度放电（深度放电是指彻底放完电后再充电）。

3）存储容量较低。

4）预期寿命较短。

2. 混合蓄电池

混合蓄电池也称可深度放电蓄电池，它综合了免维护蓄电池的优点，能在多次深度放电后仍然保持 100% 的初始储备容量。混合蓄电池的正极板格栅包含大约 2.75% 的锑合金，而负极板格栅则由钙合金组成。这样就使蓄电池能够经受住深度放电而储备容量不变，改善了汽车的起动性能。

混合蓄电池和其他蓄电池的不同之处在于其格栅上边缘中间位置有一个小凸起，格栅竖条为放射状，栅条是从公共的中心点向四周发散的。这样的构造能使其电流阻力减小，同时缩短了电流流向小凸起的路径，蓄电池能更快地提供更大的电流。

3. 复合蓄电池

（1）结构

复合蓄电池是一种比较先进的蓄电池。复合蓄电池用含胶状物质的隔板代替了液态的电解液。隔板放在格栅板之间，其电阻值非常低，因此，复合蓄电池的输出电压和电流比一般蓄电池高。

（2）优点

1）不含电解液，即使外壳破裂也不会有电解液泄漏。

2）能够以任何状态安放。

3）因为无电解液，所以基本不用维护。

4）可以经受过度放电。

5）冷启动额定电流大，可以超过 800 A。

6）使用寿命比一般蓄电池长 4 倍。

任务实施

一、了解蓄电池的技术参数

起亚赛拉图汽车所用蓄电池的规格型号和技术参数见表 3—2—1。

表 3—2—1　　起亚赛拉图汽车所用蓄电池的规格型号和技术参数

项目		规格	
		1.6 L	1.8 L
蓄电池	类型	MF 45 AH	MF 60 AH
	在 −18 ℃（0 °F）时，冷起动电流量	380 A	550 A
	保证容量	最小值 80 Ah	最小值 92 Ah
	在 20 ℃（77° F）时的比重	1.280±0.01	1.280±0.01

二、蓄电池的检测

1．操作前的准备工作。

（1）将工位清理干净。

（2）准备好相关的工具、仪表和物品等。

提示：

◆ 养成良好的工作习惯，做好事前准备，有助于安全操作和提高工作效率。

2．蓄电池的认识。

提示：

◆ 蓄电池一般安装在发动机舱左前侧。在电池的外部包有防水隔热袋，固定在车架上。为防止蓄电池极柱锈蚀，还装有极柱防护壳。

	3．蓄电池极柱的认识。 （1）正极柱（+） 提示： ◆ 一般有几根接线并联，分别是起动线、蓄电池充电线和熔丝盒供电线。 （2）负极柱（–） 提示： ◆ 由导线连接到车架搭铁。
	4．认识蓄电池的规格型号。 型号为 6–QW–45 的蓄电池含义如下： （1）6：由 6 个单格电池组成，每个单格电池电压为 2 V，额定电压为 12 V。 （2）Q：为汽车启动用蓄电池。 （3）W：为免维护蓄电池。 （4）45：蓄电池的额定容量为 45 Ah（安时）。
	5．蓄电池性能的检查（免维护型）。 根据观察孔确定电池的状态。 提示： ◆ 新式免维护蓄电池已取消观察孔，由电脑监控蓄电池状态。
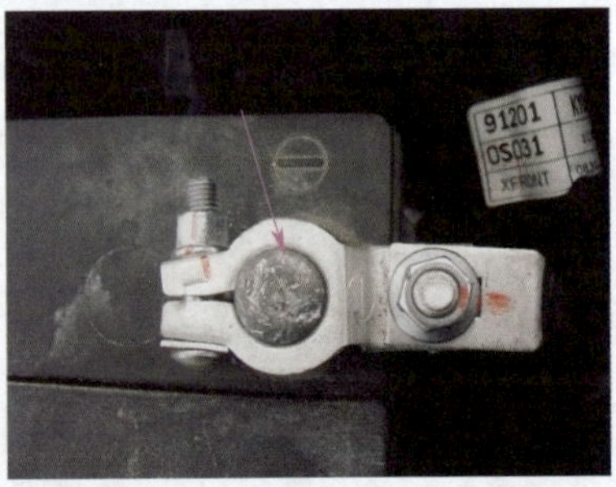	6．检查蓄电池端子是否松动或腐蚀。 提示： ◆ 若端子有腐蚀现象，应对其进行清洁。

	7．检查蓄电池电压。 （1）在发动机停止时，将点火开关置于 ON 位置并接通电气系统（前照灯、鼓风机、后除霜器等）。 提示： ◆ 检查蓄电池电压的目的是消除表面电荷。
	（2）将点火开关置于 OFF 位置。
	（3）用万用表测量蓄电池正极（+）和负极（–）之间的电压。 提示： ◆ 标准电压：20℃时，电压为 12.5 ~ 12.9 V，如果电压小于规定值，应对蓄电池充电。若未启动时，蓄电池电压持续低于 12 V，应更换蓄电池。

考评标准表——蓄电池的检测与维护

时间：<u>　20　</u>min

序号	项目	分值	评分标准	评价结果
1	描述汽车蓄电池的组成	10	少说一项扣 2 分	
2	描述汽车蓄电池充、放电过程	10	充电、放电各占 5 分	
3	描述汽车蓄电池的分类	10	少说一项扣 2 分	
4	汽车蓄电池的规格型号认知	10	错一项扣 2 分	
5	汽车蓄电池的外观检查	30	在实车上操作，错一步扣 5 分	
6	汽车蓄电池的电压测量	30	在实车上操作，错一步扣 5 分	
分数合计		100		

任务3　发电机的检测与维修

实训目标

1. 掌握发电机的组成。
2. 了解发电机的技术参数。
3. 掌握发电机及电路的检测方法。

实训准备

1. 设备：整车、汽车电路台架、交流发电机、常用工具、万用表。
2. 材料：汽车电路系统挂图。
3. 场地：汽车电气（一体化）实训室。

工作任务

一辆汽车发动机正常启动，但仪表板充电指示灯不熄灭报警，送厂维修，经修理工检查发现发电机不发电，试对发电机进行检测与维修。

知识储备

一、发电机的组成

汽车常用发电机由定子、转子、电刷、整流器、前后端盖、风扇及带轮等组成，如图 3—3—1 所示。

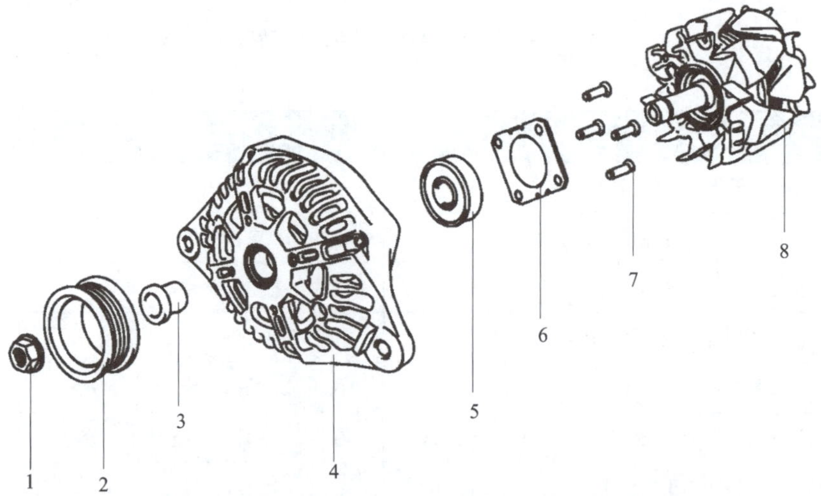

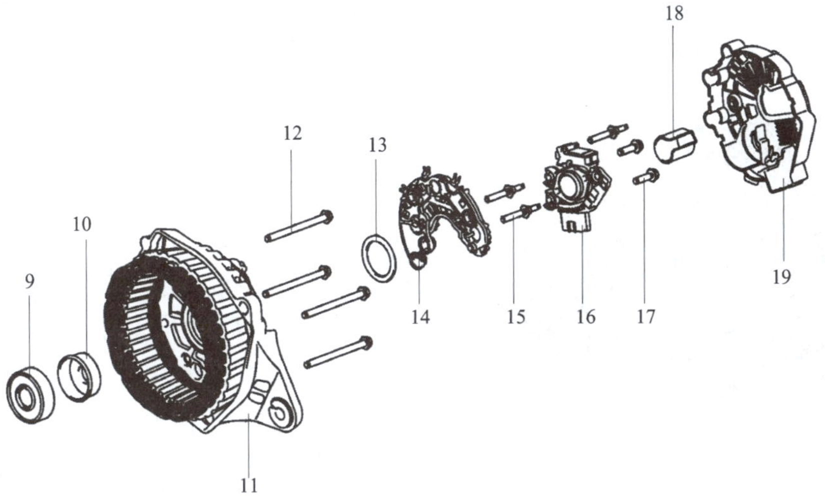

图 3—3—1　发电机的组成

1—螺母　2—传动带轮　3—隔圈　4—前盖总成　5—前轴承　6、10—轴承盖　7—轴承盖螺栓　8—转子线圈　9—后轴承　11—后盖　12—螺栓　13—密封圈　14—整流器总成　15—双头螺栓　16—电刷架总成　17—电刷架螺栓　18—滑环导轨　19—盖

二、发电机的工作过程

发电机直流电流的产生过程：先由交流发电机产生三相交流电，然后通过桥式整流电路转换为直流电输出。交流发电机在输出电压建立前后分别采用他励和自励两种不同的励磁方式。

标准电压为 12 V 的交流发电机，其输出电压为 13 ～ 14.5 V。

任务实施

一、了解发电机的技术参数

起亚赛拉图汽车用交流发电机的规格型号和技术参数见表 3—3—1。

表 3—3—1　　起亚赛拉图汽车用交流发电机的规格型号和技术参数

项目		规格	
		1.6 L	1.8 L
交流发电机	类型	蓄电池电压感测型	
	额定电压	13.5 V，90 A	
	转速	1 000 ～ 18 000 r/min	
	电压调节器	电控内置式	
	调节器装配电压	（14.55±0.2） V	（14.4±0.3） V
	温度补偿	（−7±3） mV/℃	（−10±3） mV/℃

二、了解发电机的位置和型号

1．认识交流发电机的安装位置。

提示：

◆ 交流发电机安装于发动机前侧，由发动机曲轴传动带盘驱动。

2．认识发电机的规格型号。

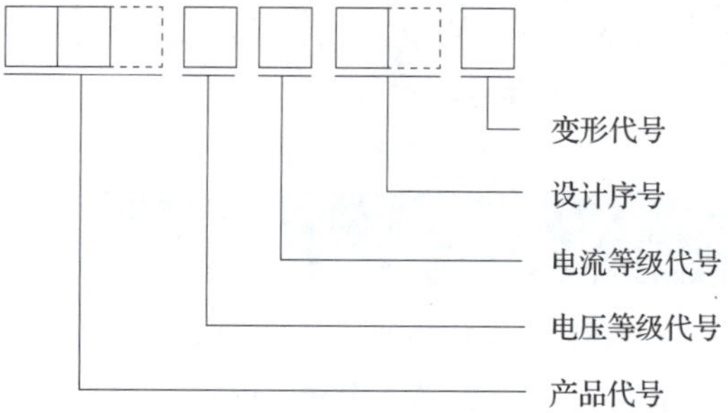

提示：

◆ 发电机的规格型号可在其铭牌上查到，由五个部分组成，各部分的含义如上。

◆ 例如，型号 JFZ1931 Z 的含义为：电压等级为 12 V，输出电流大于 90 A，第 13 次设计，调整臂位于左边的整体式交流发电机。

3．认识发电机驱动带的位置。

提示：

◆ 主要用于提供发电机的驱动力。

◆ 驱动带的张紧度影响发电机的性能，应定期检查。

三、发电机及电路的检测

1．直观检查交流发电机。

（1）检查发电机线束。

提示：

◆ 发电机线束位置如左图箭头所示。

◆ 发电机导线应连接良好，插接器应插接到位。

（2）检查发电机的运转情况。

提示：

◆ 交流发电机运转时应无异响。

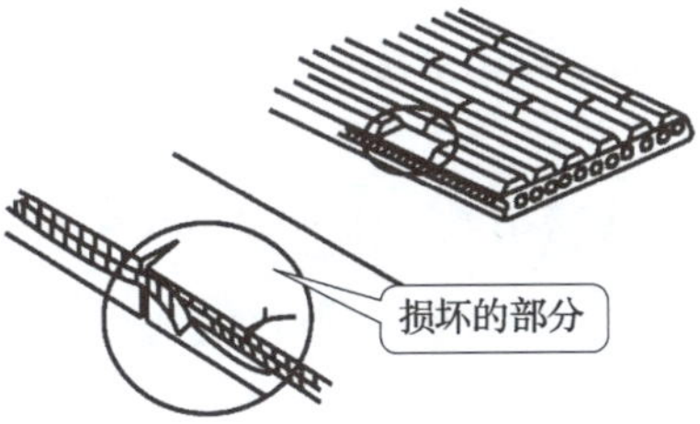

2．检查发电机驱动带。

（1）直观检查驱动带是否有过度磨损、帘布损坏等情况。

提示：

◆ 若检测发现有严重损坏，应更换驱动带。

◆ 允许驱动带加强肋侧有轻微的裂纹。但若加强肋上有大块脱落，应更换驱动带。

（2）测量驱动带张力，如有必要则进行调整。

用 98 N 的力测量交流发电机和水泵带轮之间的挠度（挠度要求如下）。若驱动带张力不在规定值内，需通过调节螺钉（左图箭头所指）进行调节。

类型	挠度
旧驱动带	4.2 ~ 5.0 mm (0.165 4 ~ 0.196 9 in.)
新驱动带	3.3 ~ 3.7 mm (0.129 9 ~ 0.145 7 in.)

	3．检查充电指示灯电路。 （1）启动发动机，运行后再关闭。 提示： ◆ 使发动机处于正常工作温度。
	（2）将点火开关置于“ON”位置时，检查充电指示灯是否点亮。 提示： ◆ 此时充电指示灯（如箭头所示）点亮说明电路良好，否则应检查发电机磁场电路和充电指示灯。
	（3）测量发电机输出电压。 提示： ◆ 发动机运转在中速以上，用万用表红表笔接发电机“电枢”输出端，黑表笔接外壳。 若测量电压低于 12 V，则判断可能是发电机故障，需检查发电机。
	4．检查发电机。 （1）拆卸发电机带轮的紧固螺母。 提示： ◆ 拆解发电机。

	（2）用万用表检测滑环之间的导通性。 提示： ◆ 转子电阻的正常值为 3.5 ～ 6 Ω。 ◆ 如果测量值显示为 0，说明转子绕组存在短路故障。 ◆ 如果测量值显示为 ∞，说明转子绕组存在断路故障。
	（3）检测滑环与爪形硅钢片的绝缘性。 提示： ◆ 正常状态下，绝缘电阻应为 0.5 MΩ 以上。 ◆ 如果测量值低于 0.5 MΩ，说明转子线圈对地短路。
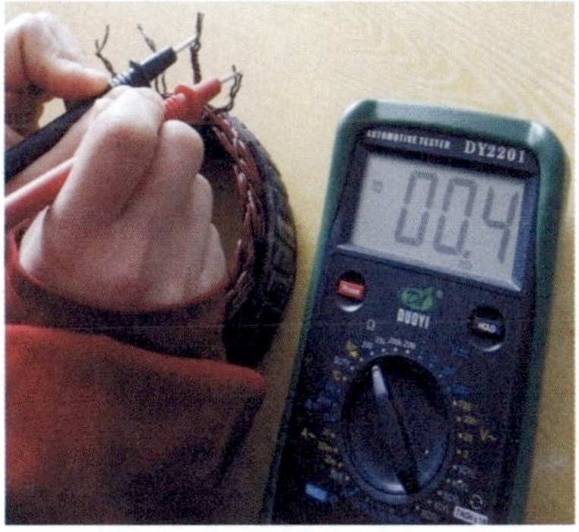	（4）用数字万用表检测三相绕组两两端子间的电阻值。 提示： ◆ 定子电阻的正常值为 4 ～ 10 Ω。 ◆ 测量电阻三次，电阻值均应相同。如果测量值不同，说明绕组损坏。 ◆ 如果测量值为 0，说明绕组存在短路故障。 ◆ 如果测量值为 ∞，说明绕组存在断路故障。

	(5) 用兆欧表测量定子绕组的绝缘性。 提示： ◆ 定子绕组绝缘电阻应为 0.5 MΩ 以上。 ◆ 如果测量值低于 0.5 MΩ，说明定子线圈对地短路。

考评标准表——发电机的检测与维修

时间：20 min

序号	项目	分值	评分标准	评价结果
1	描述汽车发电机的组成	10	少说一项扣 1 分	
2	描述汽车发电机的工作过程	10	他励、自励过程各 5 分	
3	描述汽车发电机的技术参数	10	少一项扣 2 分	
4	描述汽车发电机的规格型号	10	错一项扣 2 分	
5	汽车发电机的检测	30	在实车上操作，错一步扣 5 分	
6	汽车发电机电路的检测	30	在实车上操作，错一步扣 5 分	
分数合计		100		

课题四 起动系统检测与维修

任务1 起动系统的拆装

实训目标

1. 了解汽车起动系统的作用及组成。
2. 了解起动机的分类。
3. 掌握汽车起动系统的工作过程。
4. 掌握起动机的拆装方法。

实训准备

1. 设备：整车、举升机、汽车电路台架、常用工具。
2. 材料：汽车电路系统挂图。
3. 场地：汽车电气（一体化）实训室。

工作任务

汽车起动系统的性能对汽车的使用性具有十分重要的影响。驾驶员在启动发动机准备出车时，发现起动机不能带动发动机运转。送到维修站，经检查是起动系统出现故障。本任务要求能对起动系统进行拆装。

知识储备

一、起动系统的作用及组成

1. 作用

汽车发动机进入正常的工作循环必须借助外力来启动。现代汽车发动机的启动方法大都采用电起动。电起动简单可靠、操作方便、可随时工作，便于远距离控制。起动系统的作用是用起动机将蓄电池的电能转换为机械能，产生电磁转矩，启动发动机。

2. 组成

汽车起动系统主要包括蓄电池、起动机、起动继电器、点火开关和连接导线等。

二、起动机的分类

起动机的种类很多，但电动机部分一般没有太大的差别，主要是串励式直流电动机，而传动机构和控制装置则差异较大。因此，起动机多是按传动机构和控制装置来分类的。

1. 按传动机构齿轮啮合方式分类

（1）强制啮合式起动机

这种起动机是靠人力或电磁力拉动拨叉，强制驱动齿轮啮合进飞轮齿环。这种起动机结构简单、工作可靠、操作方便，所以被现代汽车广泛采用。

（2）电枢移动式起动机

这种起动机是靠电动机内部辅助磁极的电磁吸力，吸引电枢作轴向移动，使驱动齿轮啮合进飞轮齿环；启动后，回位弹簧使电枢回位，于是驱动齿轮便与飞轮齿环脱开。这种起动机结构复杂，仅用于一些大功率柴油车上。

（3）惯性啮合式起动机

这种起动机启动时，其驱动齿轮是靠惯性力自动啮合进飞轮齿环；启动后，驱动齿轮又靠惯性力自动与飞轮齿环脱开。这种起动机工作可靠性差，现代汽车已很少使用。

2. 按控制装置分类

（1）直接操纵式起动机

即由驾驶员利用脚踩（或手拉）直接操纵机械式起动开关，接通或切断起动主电路。

（2）电磁操纵式起动机

即由驾驶员借助于起动按钮（或点火开关）控制起动机电磁开关（或起动继电器），再由电磁开关电磁力控制起动主电路的接通与断开。

此外，还有齿轮移动式起动机、同轴式起动机和减速式起动机等多种形式。

三、起动机的认知

1. 串励式直流电动机的认知（见图 4—1—1）

图 4—1—1　电动机

<table>
<tr><td></td><td>(1) 转子
1）作用：产生电磁转矩。
2）结构：由铁芯、绕组、换向器和电枢轴等组成。</td></tr>
<tr><td>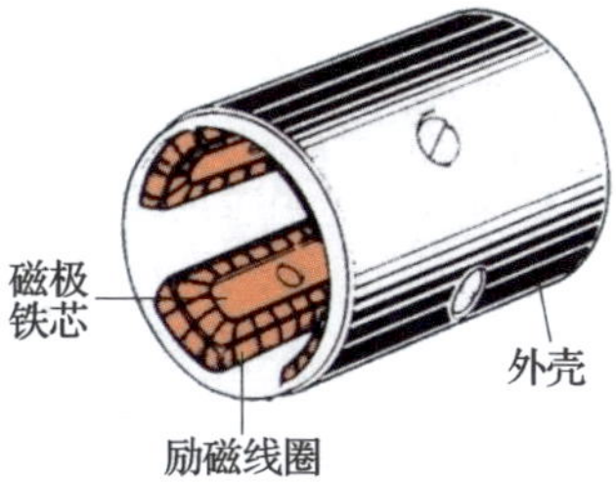
</td><td>(2) 磁极
1）作用：建立磁场。
2）结构：由磁极铁芯和励磁线圈等组成。</td></tr>
<tr><td></td><td>(3) 机壳（如左图箭头所示）
作用：固定和保护内部元件。</td></tr>
<tr><td></td><td>(4) 电刷与电刷架
作用：与换向器配合，将电流引入电枢绕组。</td></tr>
<tr><td colspan="2">2. 传动机构的认知
传动机构的作用是将电动机的转矩传给发动机曲轴。</td></tr>
</table>

	（1）单向离合器 作用：在启动发动机时，将电动机的转矩传给发动机曲轴；而当发动机启动后，能自动打滑，保护起动机。
	（2）拨叉 作用：使离合器作轴向移动，将驱动齿轮啮合和脱离飞轮齿环。

3. 控制装置的认知

控制装置的作用是接通与切断电动机与蓄电池之间的电路。

	吸引线圈与保持线圈 作用：产生电磁吸力，控制起动机主电路。 提示： ◆ 复位弹簧利用弹簧弹力控制铁芯，使拨叉复位。

四、起动系统的工作过程

1. 启动前

当点火开关置于“ST”位置时，起动继电器线圈通电，起动继电器触点闭合，蓄电池电流经起动机的电磁线圈（吸引线圈和保持线圈），接通起动机低速工作。

电磁线圈产生磁场，克服复位弹簧的作用力，吸拉铁芯及拨叉并推动驱动齿轮，使它与飞轮齿圈开始啮合。

2. 启动时—启动中

驱动齿轮与飞轮齿圈完全啮合，电磁开关触点闭合，直接接通起动机主电路，起动机高速工作，从而启动发动机。

3. 启动中—启动后

松开点火开关，将其置于“ON”位置，起动继电器线圈断电，触点断开，拨叉在复位弹簧作用下分离驱动齿轮和飞轮齿圈，电磁开关触点断开，起动机断电。

为防止起动机电枢旋转过度造成电动机的损坏，当发动机转速超过起动机转速时，利用单向离合器分离驱动齿轮和飞轮齿圈，结束起动过程。

任务实施

起动机的拆装

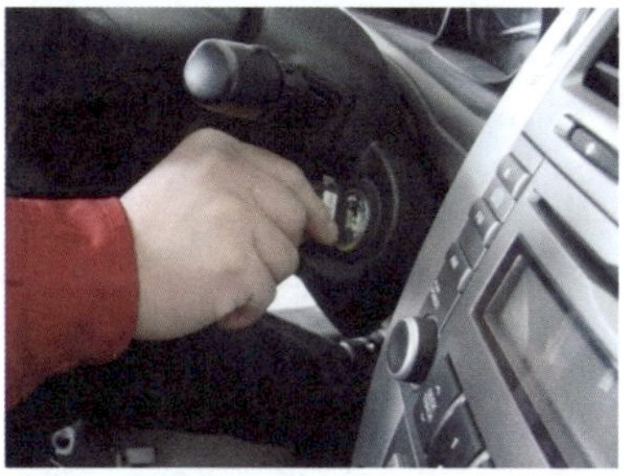	1．关闭点火开关。
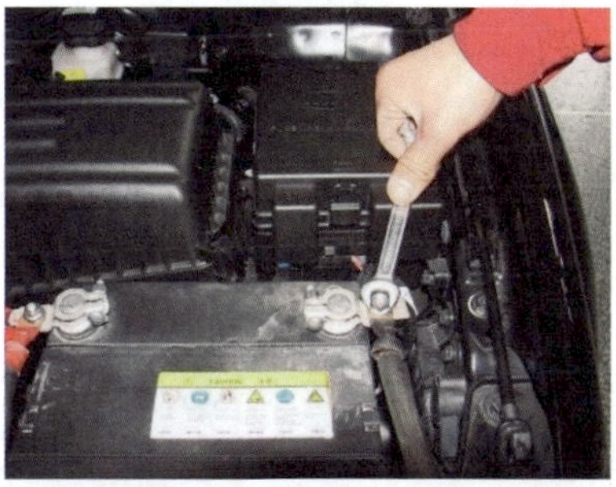	2．拆卸蓄电池搭铁线。 提示： ◆ 必须先拆蓄电池负极线，后拆正极线。
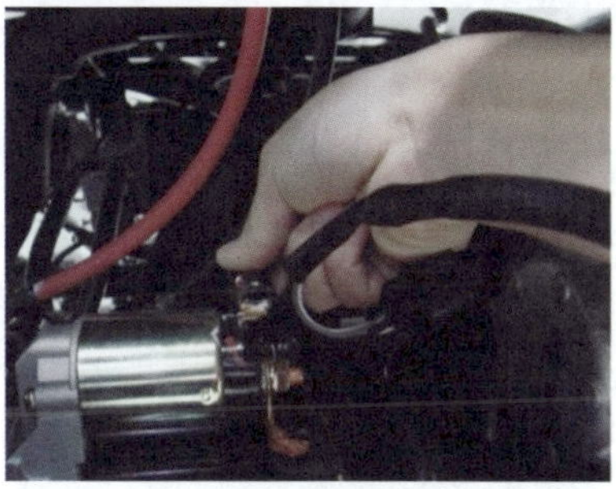	3．拆下电磁开关上 50 端子。 提示： ◆ 拆卸前应关闭点火开关。
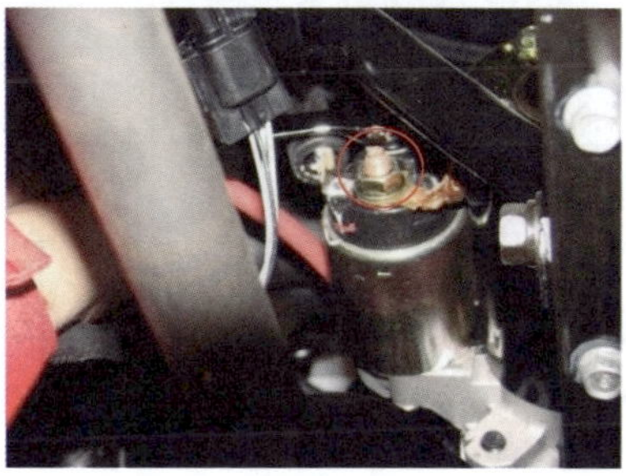	4．拆卸电磁开关上 30 端子的固定螺母。 提示： ◆ 取下起动电缆端子。

	5．拆卸起动机固定螺栓。 提示： ◆ 取下固定起动机的两个螺栓。
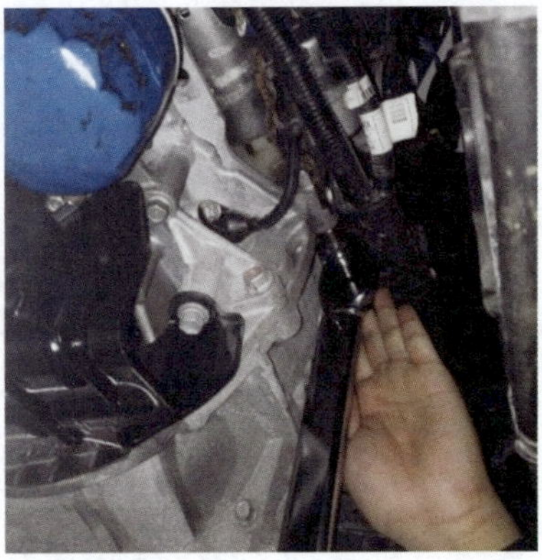	6．安装起动机。 提示： ◆ 起动机在车上的安装顺序与拆卸顺序相反。 ◆ 查阅维修手册，紧固力矩为49.0 ~ 63.7 N · m（5.0 ~ 6.5 kgf · m）。

考评标准表——起动系统的拆装

时间：20 min

序号	项目	分值	评分标准	评价结果
1	描述起动系统的作用及组成	10	少说一项扣 2 分	
2	描述起动机的分类	10	少说一项扣 2 分	
3	认知起动机的结构及各部分的作用	30	对照实物进行认知，错一项扣 5 分	
4	描述起动系统的工作过程	20	错一项扣 5 分	
5	起动机的拆装	30	在实车上操作，错一步扣 5 分	
分数合计		100		

任务 2　起动系统的检修

实训目标

1. 掌握起动系统控制电路的分析方法。
2. 掌握起动系统常见故障现象及原因。
3. 掌握起动系统常见故障的检修方法。
4. 掌握各种检修设备的使用方法。

实训准备

1. 设备：整车、汽车电路台架、常用工具。
2. 材料：汽车电路系统挂图。
3. 场地：汽车电气（一体化）实训室。

工作任务

一辆汽车在启动时，可以带动发动机运转，但发动机运转的速度比较慢，送厂维修，经检测发现起动机电枢与电刷接触不良，本任务要求排除该故障。

知识储备

一、起动系统控制电路分析

1. 未配备智能钥匙式起动控制电路分析（见图 4—2—1）

有三种启动方式，即插入点火钥匙，IPS 控制模块接通防盗继电器；挡位开关置于 P/N 开关闭合；点火开关置于启动挡。

（1）蓄电池正极→多功能熔丝 IGN2 40 A →点火开关→室内接线盒 START 7.5 A →防盗继电器→变速器挡位开关→起动继电器线圈→ PCM 控制搭铁→蓄电池负极，点火开关控制接通起动继电器线圈。

（2）蓄电池正极→多功能熔丝 IGN2 40 A →起动继电器触点→起动机电磁开关线圈→起动机→起动机搭铁→蓄电池负极，起动继电器触点经电磁开关接通起动机。

（3）蓄电池正极→起动机电磁开关触点→起动机→起动机搭铁→蓄电池负极，直接接通电源与起动机。

2. 配备智能钥匙式起动控制电路分析（见图 4—2—2）

智能钥匙控制电路：

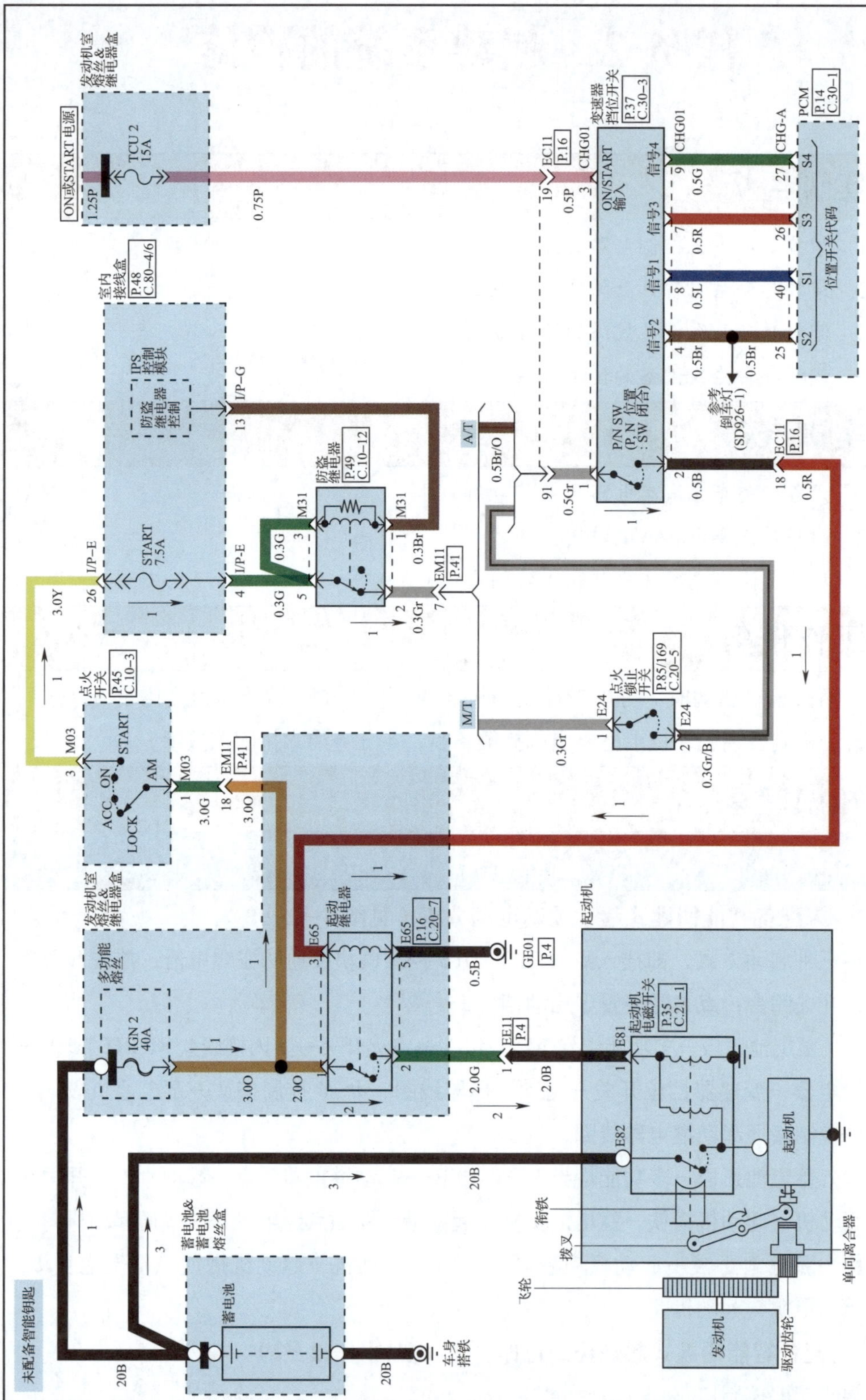

图 4—2—1 起亚 K5 起动系统电路图

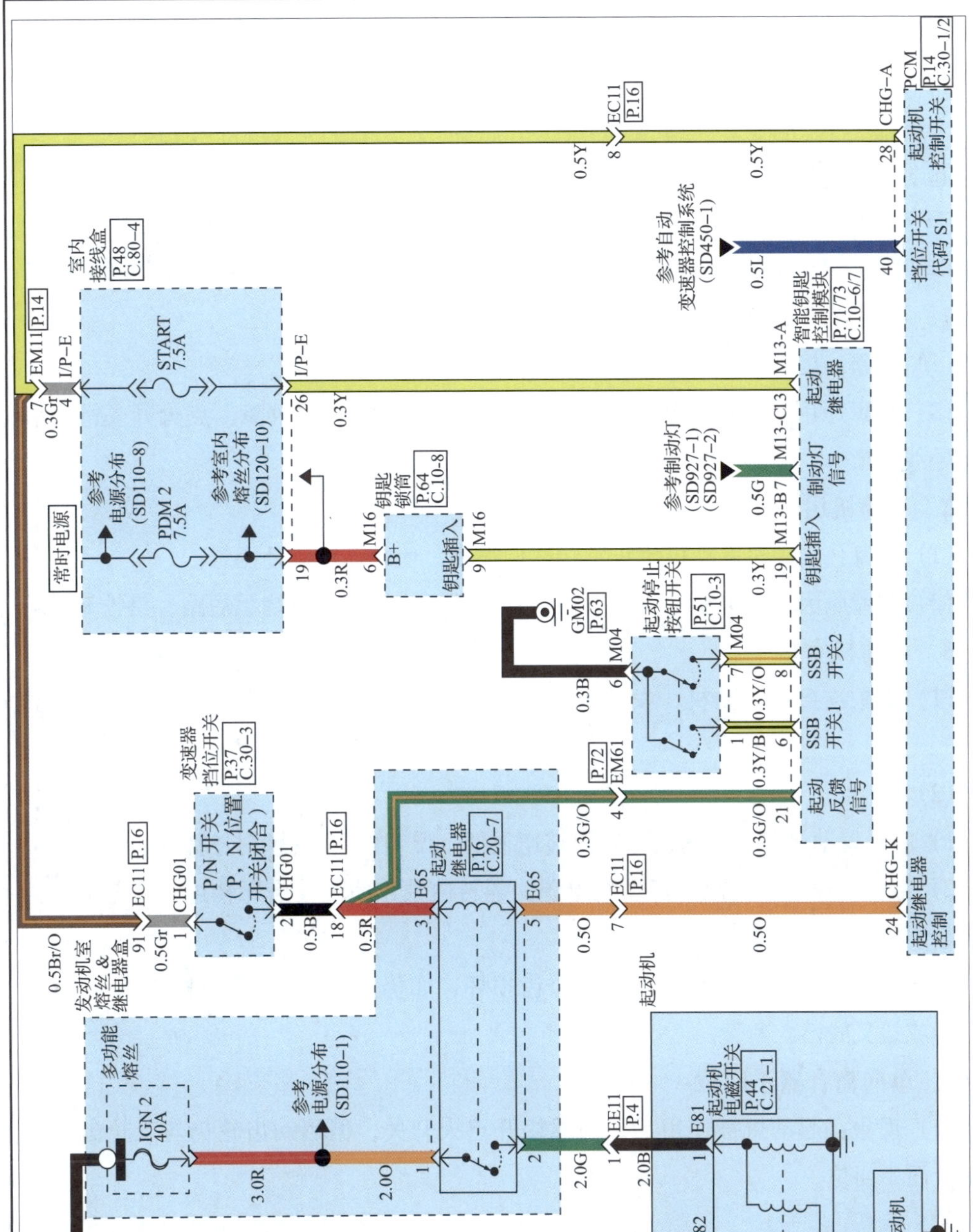

图 4—2—2 起亚 K5 智能控制起动系统电路图

智能钥匙控制模块接收处理钥匙插入信号、制动灯信号、起动开关信号、起动反馈信号，PCM 根据智能钥匙控制模块和挡位开关信号，执行起动继电器线圈控制。

起动机电路分析与图 4—2—1 分析一致。

二、起动系统常见故障分析

1. 不能启动发动机

（1）现象：按下起动开关，起动机不能带动发动机运转。

（2）故障原因：蓄电池故障、起动机故障、起动继电器故障、点火开关故障和连接导线故障等。

2. 起动机运转无力

（1）现象：启动时起动机比正常转速低很多，使发动机启动困难。

（2）故障原因：蓄电池亏电、接触不良，励磁绕组或电枢绕组短路、搭铁等。

3. 起动机空转

（1）现象：接通起动机，发动机曲轴不转，起动机高速空转或以很低的转速转动。

（2）诊断

1）启动发动机时，起动机空转但转速很低，说明单向离合器打滑。

2）空转转速很高，此时可切断电源，摇转曲轴，使飞轮齿环转过一个角度，再使用起动机启动发动机。

如启动正常，说明飞轮齿环有几个齿损坏；如仍高速空转，说明单向啮合器严重打滑或拨叉脱落、断裂。

4. 单向离合器不回位

（1）现象：起动机被使用后，虽然松开点火开关，但驱动齿轮仍与飞轮齿环保持啮合而不回位。

（2）诊断

1）遇此情况应先断开电源总开关或蓄电池导线，切断电源，防止通电时间过长而烧坏起动机。

2）切断电源后，单向离合器自动回位，为蓄电池亏电咬住或起动继电器故障。

3）切断电源后，单向离合器仍不回位，为复位弹簧折断、活动铁芯卡死或起动机安装松动。

任务实施

一、起动机工作状态检查

	1．从发动机舱主继电器盒内拆卸燃油泵继电器。 提示： ◆ 拆卸燃油泵继电器，泄压，使发动机不工作。
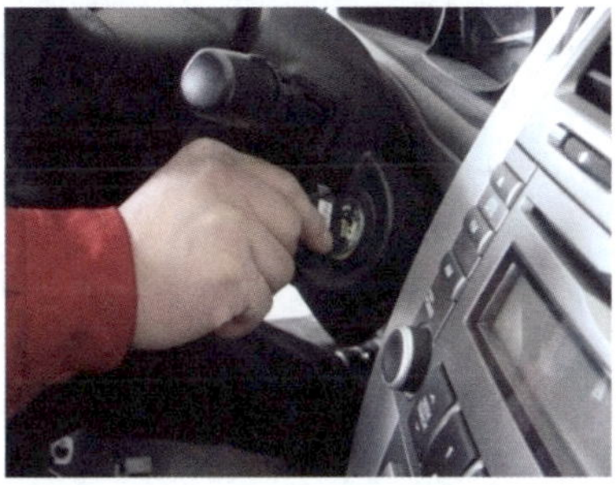	2．踩下离合器踏板，将点火开关置于 START 位置。 若起动机带动发动机正常转动，说明起动系统正常；若起动机没有带动发动机转动，按下一步检查。 提示： ◆ 蓄电池必须完全充电且状态良好
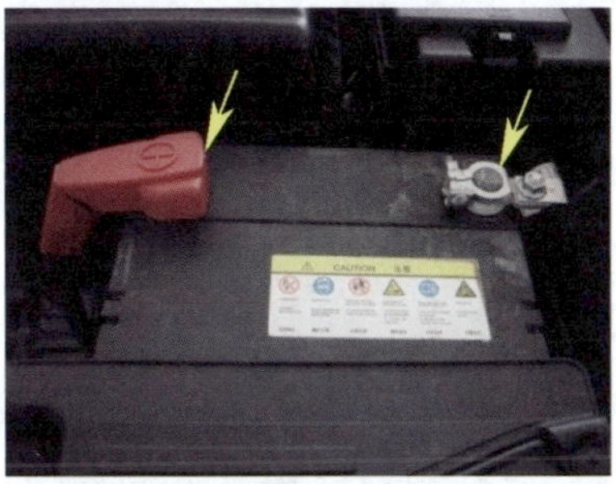	3．检查蓄电池状态。 检查蓄电池电气部件的连接部位、接壳体的蓄电池负极导线、发动机搭铁导线和起动机是否有松动和腐蚀，排除问题后再次进行测试。 若起动机带动发动机正常转动，说明起动系统正常。 若起动机仍没有带动发动机转动，按下一步检查。
	4．检查起动机状态。 短接电磁开关 B（30）端子和 S（50）端子。 提示： ◆ 若起动机仍没有带动发动机转动，拆卸起动机，按需要维修或更换起动机。

二、起动机电磁线圈的检测

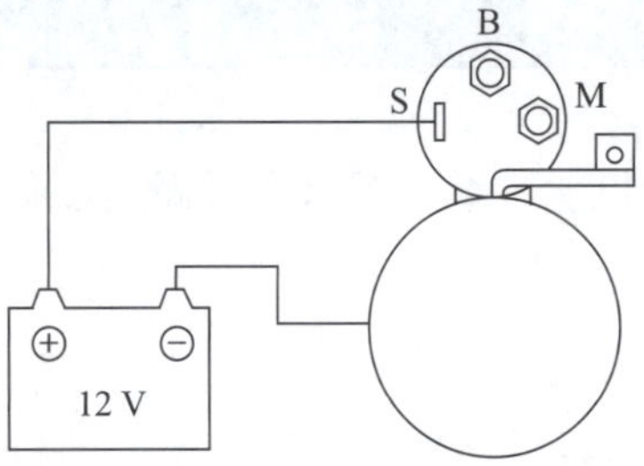 	1．分离电磁开关 M 端子和励磁线圈导线。 提示： ◆ 在 S（50）端子和起动机壳体之间连接蓄电池，如果电磁线圈吸合，单向离合器外移，说明吸引线圈正常。
	2．连接励磁线圈导线和 M 端子。 若小齿轮没有缩回，则吸入线圈工作正常；若小齿轮缩回，应更换电磁线圈。 提示： ◆ 接通时间不能超过 10 s，以免烧坏线圈。
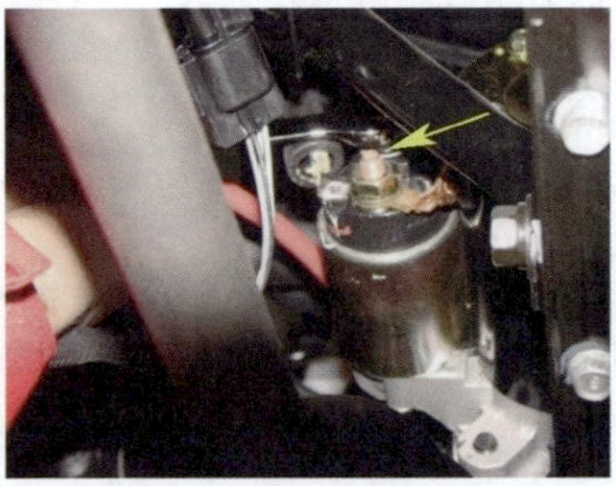	3．从 M 端子处分离励磁线圈导线。 提示： ◆ 若小齿轮已缩回，则连接线圈工作正常。

三、不能启动发动机故障的检修

	1．打开前照灯，按动电喇叭。 提示： ◆ 检查蓄电池状况。

	2．检查 IGN2 和 START 熔断器。 熔断器电阻 R<1 Ω。 提示： ◆ IGN2 为 40 A 的熔断器，如损坏应更换。 ◆ START 为 7.5 A 的熔断器，如损坏应更换。
	3．检查起动继电器。 提示： ◆ 将继电器的 86 端子和 85 端子接蓄电池 12 V 电压，用万用表检测其 30 端子和 87 端子，导通电阻 R<1 Ω，如损坏应更换。
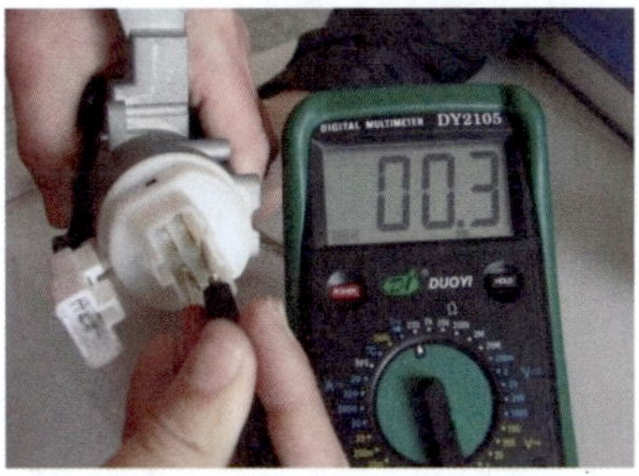	4．检查点火开关。 提示： ◆ 将点火开关置于 START 位置，其 5 号（30）端子与 1 号（50）端子应导通，导通电阻 R<1 Ω，如损坏应更换。
	5．检查起动机。 按上面的步骤检查起动机，如起动机损坏应更换。

考评标准表——起动系统的检修

时间：20 min

序号	项目	分值	评分标准	评价结果
1	起动系统控制电路分析	20	错一项扣 2 分	
2	起动系统故障原因分析	20	错一项扣 2 分	
3	起动机工作状态检查	20	在实车上操作，错一步扣 5 分	
4	起动机电磁线圈的检测	20	在实车上操作，错一步扣 5 分	
5	不能启动发动机故障的检修	20	在实车上操作，错一步扣 5 分	
分数合计		100		

课题五 照明与信号系统检测与维修

任务1　前照灯的检修

实训目标

1. 了解汽车照明系统的组成。
2. 掌握汽车前照灯的组成及控制方法。
3. 掌握汽车前照灯电路的分析方法。
4. 能够拆装并检修汽车前照灯。

实训准备

1. 设备：整车、汽车电路台架、前照灯总成、万用表、常用工具。
2. 材料：汽车电路系统挂图。
3. 场地：汽车电气（一体化）实训室。

工作任务

一辆汽车前照灯不亮，急需修理。作为汽车维修人员，首先要清楚电气设备的工作原理和控制关系，才能正确进行分析和检测，最终排除故障。

知识储备

一、汽车照明系统

1．组成：电源、照明灯具、控制装置等。

2．作用：夜间道路照明、车厢内部照明、车辆宽度标示、仪表与夜间检修等。

3．车外照明灯（见图5—1—1）包括：前照灯（10）、雾灯（12、14）、牌照灯（3）等。

4. 车内照明灯（见图 5—1—1）包括：行李舱灯（2）、室内灯（7）、车顶控制台灯（8）、杂物箱灯（9）等。

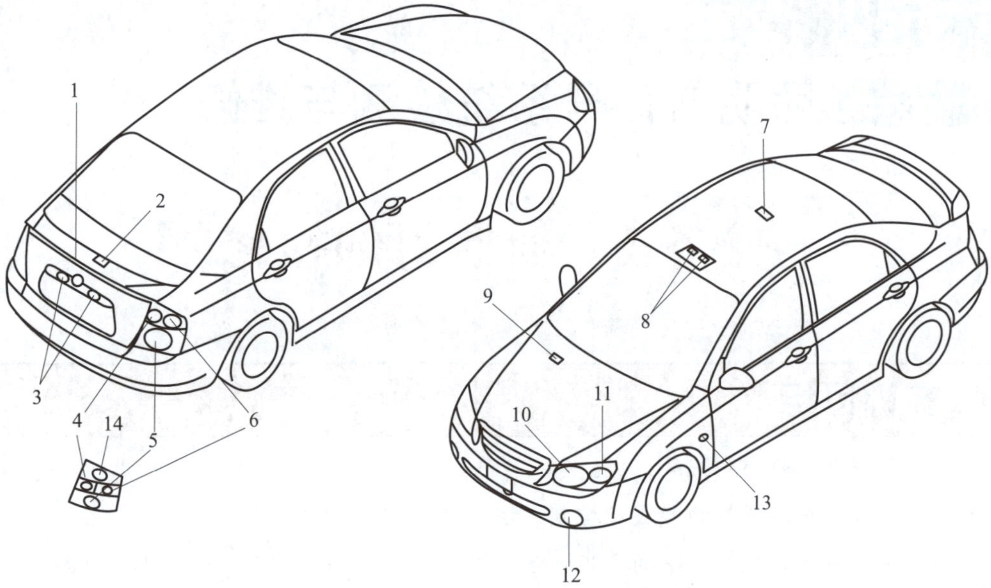

图 5—1—1 汽车照明灯

1—高位制动灯 2—行李舱灯 3—牌照灯 4—倒车灯 5—尾灯 / 制动灯 6—转向信号灯
7—室内灯 8—车顶控制台灯 9—杂物箱灯 10—前照灯（远光 / 近光）
11—前转向信号灯 / 示宽灯 12—前雾灯 13—侧面转向灯 14—后雾灯

二、汽车前照灯

1. 前照灯的作用及位置

前照灯的作用：在夜间行驶时，照亮车前的道路及物体；有些车型也兼作超车信号灯，用远近光的变换，在超车时告知前方车辆避让。

前照灯灯光为白色，有两灯制和四灯制两种配置方式，功率一般为 40 ～ 60 W。

前照灯包括远、近光灯，一般布置在车辆前方左右两侧，如图 5—1—2 所示。

2. 前照灯的结构

前照灯由反射镜、配光镜和灯泡三部分组成。

（1）反射镜

反射镜的作用是最大限度地将灯泡发出的光线聚合成强光束，以增加照射距离。

（2）配光镜

配光镜又称散光玻璃，装在反射镜之前，可将反射光束水平方向扩散分配，竖直向下折射，使车前 100 m 的路段照明更加均匀。

图 5—1—2　汽车前照灯

（3）灯泡

1）卤钨灯泡。卤钨灯泡是在充入的惰性气体中掺入某种卤族元素，如图 5—1—3 所示。卤钨灯泡比白炽灯泡使用寿命长，可在更高的温度下工作，亮度及效率也比白炽灯泡高（大于 20%），目前应用广泛。

2）氙气灯。氙气灯由弧光灯组件、电子控制器和升压器组成，如图 5—1—4 所示。光色与日光灯非常相似，灯泡里没有灯丝，取而代之的是装在石英管内的两个电极，管内充有氙气及微量金属。其亮度是目前卤素灯泡的 3 倍左右，克服了传统钨灯的缺陷，完全满足汽车夜间高速行驶的需要。

图 5—1—3　卤钨灯泡

图 5—1—4　氙气灯

3）LED 灯。LED 灯（见图 5—1—5）指的是前照灯所有光源均采用 LED。其点亮效果更接近普通日光，照明效果看起来更自然。同时，耗能要比普通氙气灯低，使用寿命能够达到终身免更换（外力造成的破坏除外）。LED 灯几乎所有的特性都超越了现有的氙气灯，而且成本更低。

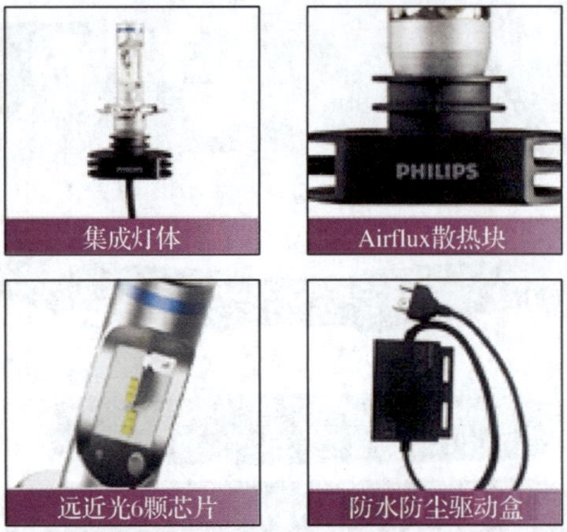

图 5—1—5　LED 灯

3. 前照灯的控制方法

图 5—1—6 所示为拨杆式灯光组合开关，点火开关接通时，将前照灯组合开关置于“前照灯”位置，打开前照灯；将变光开关前推，远光灯常亮；将变光开关中置，近光灯常亮；将变光开关点动后置，远光灯闪亮。

图 5—1—6　拨杆式灯光组合开关

旋钮式灯光组合开关如图 5—1—7 所示，可选择相应的灯光挡位对前照灯进行控制。

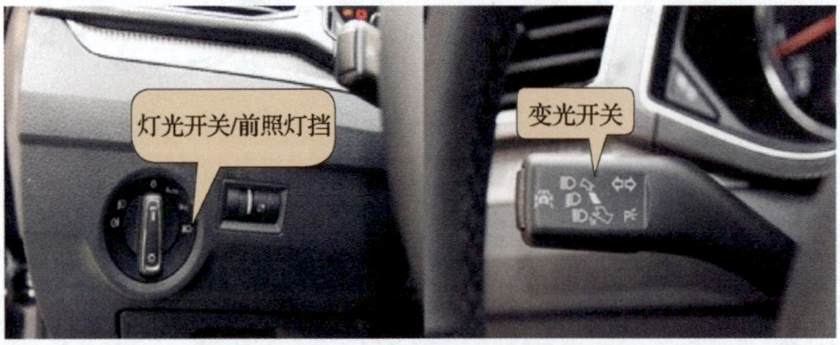

图 5—1—7　旋钮式灯光组合开关

三、前照灯电路分析

根据目录查找出前照灯电路图（见图 5—1—8、图 5—1—9），按回路原则进行分析。

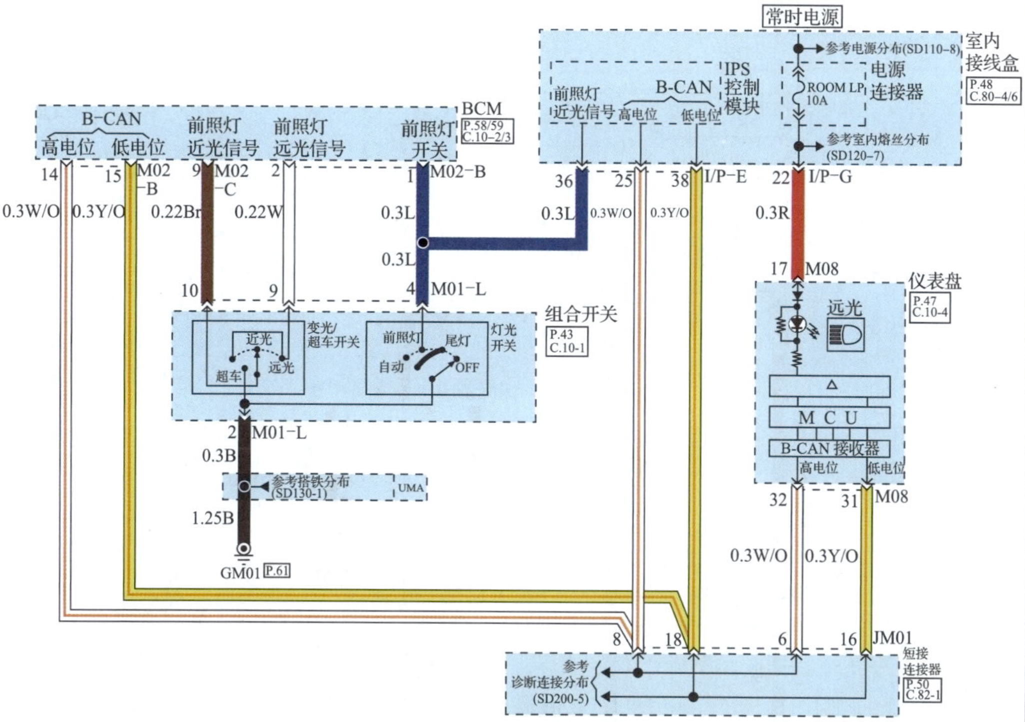

图 5—1—8　前照灯控制电路图

1. 变光 / 超车开关：近光

灯光开关在 HEAD 位置，将变光 / 超车开关置于近光位置时，BCM 接收信号并通过 CAN 通信将此信号发送到 IPS 控制模块。IPS 控制模块控制 ARISU1、ARISU2 接通前照灯（近光）。控制和诊断结果通过 CAN 通信发送到 BCM。

2. 变光 / 超车开关：远光

灯光开关在 HEAD 位置，将变光 / 超车开关置于远光位置时，BCM 接收信号并通过 CAN 通信将此信号发送到 IPS 控制模块和仪表盘。仪表盘内的 MCU 接通指示灯，并且 IPS 控制模块控制 ARISU1、ARISU2 接通前照灯（远光）。控制和诊断结果通过 CAN 通信发送到 BCM。

3. 变光 / 超车开关：超车闪光

此功能不管灯光开关是否在 HEAD 位置都能工作。朝驾驶员方向拉动变光 / 超车开关 2 ~ 3 次，警告对面车辆驾驶员，并接通仪表盘上的远光指示灯和前照灯。

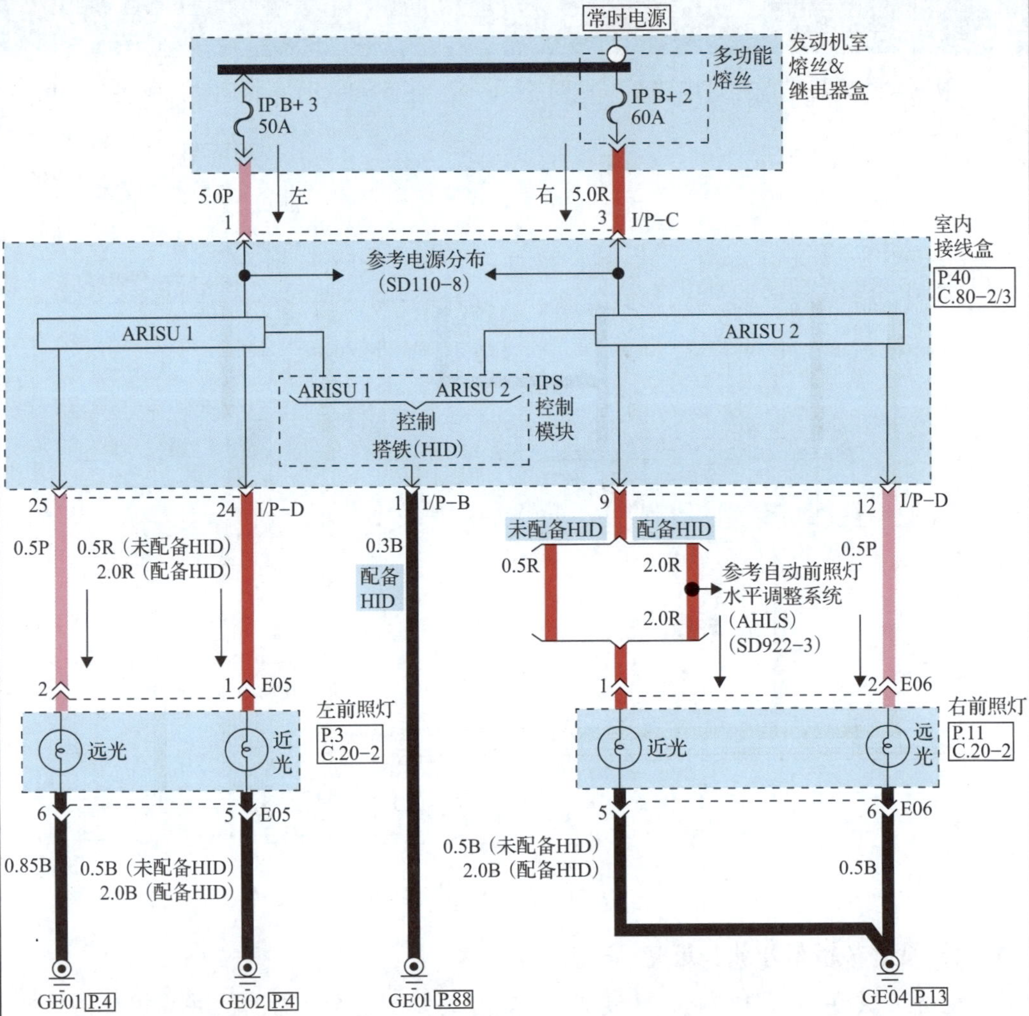

图 5—1—9　前照灯灯泡电路图

任务实施

一、前照灯的拆装

1．关闭点火开关。

	2．分离蓄电池负极搭铁线。
	3．拆卸前组合灯插接器。 提示： ◆ 拆卸插接器时应压下闭锁，不能直接拽。
	4．拆卸前组合灯总成。 提示： ◆ 拆下前组合灯的固定螺钉。
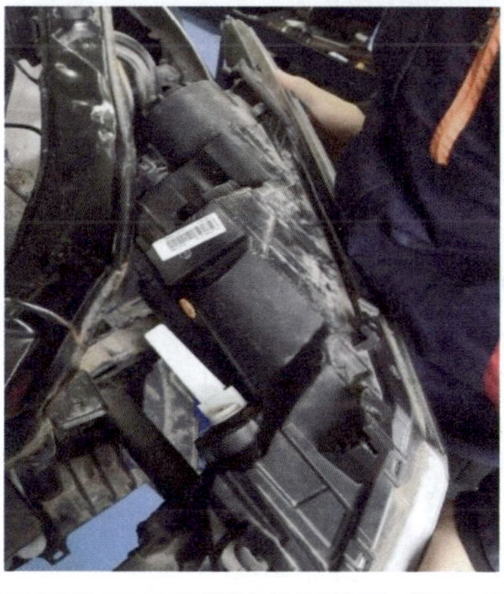	5．取下前组合灯总成。

	6．转动前照灯的后防尘盖。
	7．取下前照灯连接器。
	8．取出前照灯灯泡。 松开压紧前照灯灯泡的弹簧，取出灯泡。 提示： ◆ 拿灯泡时必须拿灯泡底座。 ◆ 安装顺序与拆卸顺序相反。

二、前照灯的调整

	1．将轮胎充气至规定压力，从车辆上卸下除备胎和工具以外的负载。
	2．将车辆停放在平整的地面上。

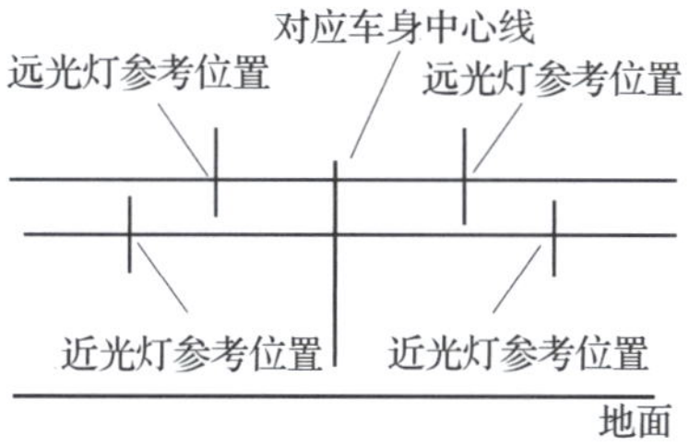	3．在屏幕上划出垂直线（经过每个前照灯光束的中间位置）和水平线（经过每个前照灯光束的中间位置）。
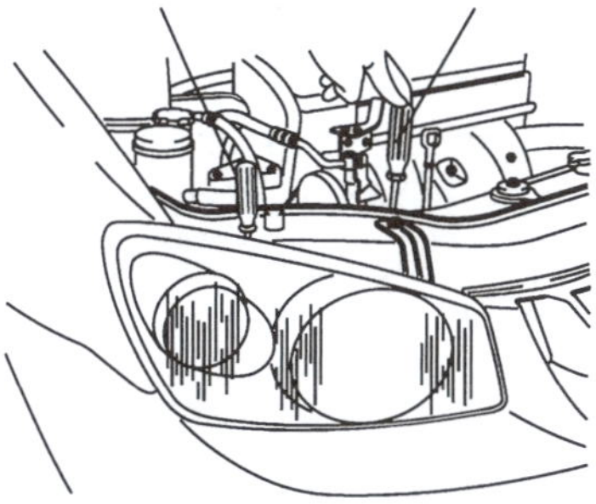	4．在前照灯和蓄电池良好的状态下，进行前照灯光照点调整，使前照灯最亮的部分照向水平线和垂直线。 用调整装置进行较近光束的水平和垂直调整。 提示： ◆ 也可使用光束调整仪，根据说明书进行前照灯的调整。

三、前照灯不亮故障的诊断

	1．检查多功能熔丝 IP B+3、IP B+2。 提示： ◆ 用观察法观察熔丝是否完好。 ◆ 测量电阻 R<1 Ω，如损坏应更换。
	2．检查前照灯灯泡。 取下前照灯灯泡进行检测，灯泡应导通。 提示： ◆ 用观察法观察灯丝是否完好。 ◆ 良好的灯丝电阻值 R<1 Ω，如损坏应更换。

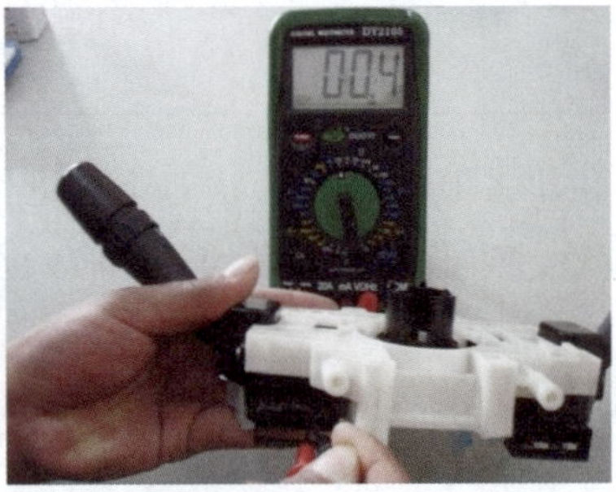

3．检查组合开关。

检查组合开关各位置处端子之间的导通性。如果导通电阻 $R<1\ \Omega$，应更换组合开关。

［灯光开关］

位置＼端子	1	2	4
OFF			
尾灯	○	○	
前照灯	○	○	○

［变光/超车开关］

位置＼端子	10	8	9	2
HU	○		○	
HL	○	○		
P	○		○	○

HU:前照灯远光
HL:前照灯近光
P:前照灯超车开关

考评标准表——前照灯的检修

时间：20 min

序号	项目	分值	评分标准	评价结果
1	描述汽车前照灯的作用及位置	10	描述准确，错一项扣 5 分	
2	描述汽车前照灯的组成和控制方法	10	在实车上认知并操作，错一项扣 2 分	
3	汽车前照灯电路图分析	20	描述准确，错一项扣 5 分	
4	汽车前照灯的拆装	20	操作准确，错一项扣 5 分	
5	汽车前照灯的调整	20	操作准确，错一项扣 5 分	
6	汽车前照灯不亮故障的诊断	20	操作准确，错一项扣 5 分	
分数合计		100		

任务2　雾灯的检修

实训目标

1. 掌握雾灯的组成、作用及安装位置。
2. 掌握汽车前、后雾灯电路的分析方法。
3. 掌握汽车前、后雾灯常见故障排除方法。

实训准备

1. 设备：整车、汽车电路台架、雾灯总成、常用工具、万用表。
2. 材料：汽车电路系统挂图。
3. 场地：汽车电气（一体化）实训室。

工作任务

雾灯出现故障时，首先要清楚雾灯的工作原理和控制关系，才能正确进行分析和检测，最终排除故障。本任务要求对雾灯进行检修。

知识储备

一、雾灯的作用

前雾灯是在有雾、下雪、暴雨或尘土弥漫的行驶条件下，为改善照明条件，提高能见度而设置的照明设备；后雾灯起到信号标志灯的作用。

雾灯多使用穿透力强、波长较长的黄色、橙色或红色灯，其灯泡或配光镜制成黄色或红色，通常前雾灯为黄色，后雾灯为红色。

二、雾灯的结构

雾灯有前雾灯和后雾灯两种。前雾灯左右各有一个（不是必须配置），有些车辆后雾灯只有左边一个（如大众系列、丰田卡罗拉等）。

雾灯的结构与前照灯相近，分为半封闭式和封闭式两种，常用的是半封闭式，如图 5—2—1 所示，灯座通过卡槽将灯泡固定在灯罩内。其灯泡为白炽灯泡和卤素灯泡，一般多用卤素灯泡，灯丝为单丝。

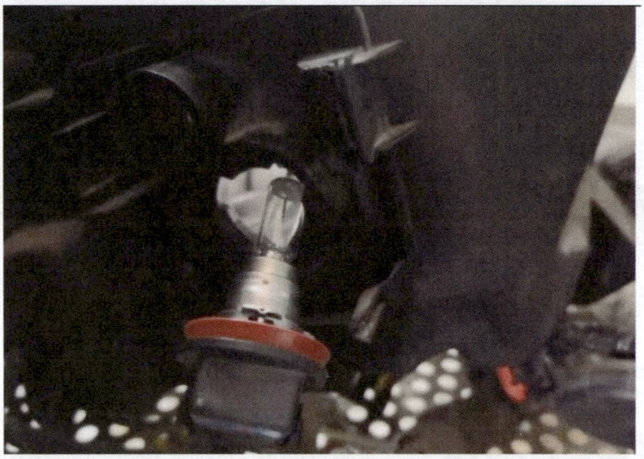

图 5—2—1　半封闭式雾灯

三、雾灯的安装位置

前雾灯的安装高度较低，多安装在车外保险杠上，如图 5—2—2 所示。后雾灯一般安装在后组合灯中，如图 5—2—3 所示。

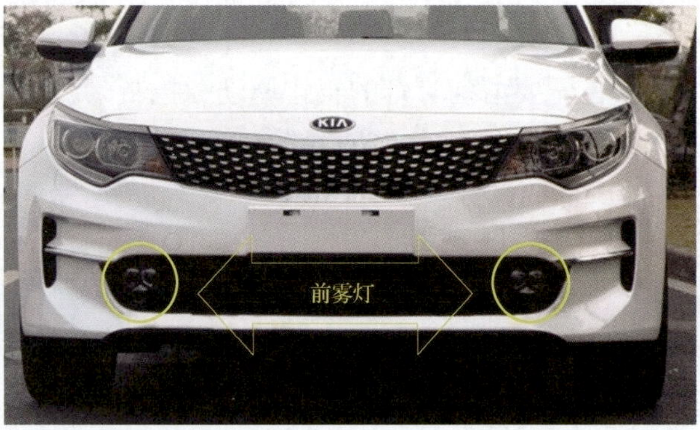

图 5—2—2　前雾灯的位置

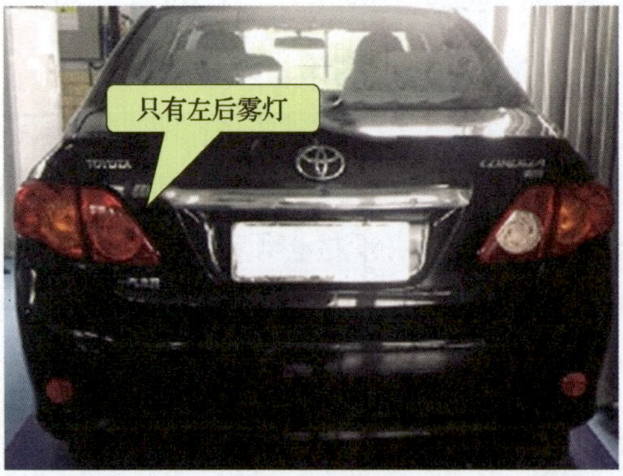

图 5—2—3　后雾灯的位置

四、汽车前、后雾灯的控制开关

不同车型的雾灯控制开关位置不完全一样，可根据具体车型查找。图 5—2—4 所示分别为前、后雾灯开关在拨杆式、旋钮式组合开关上。

图 5—2—4　雾灯控制开关

五、雾灯电路分析

通过目录查找出雾灯电路图，前雾灯电路图如图 5—2—5 所示，后雾灯电路图如图 5—2—6 所示，按回路原则进行分析。

前雾灯回路分析：

闭合尾灯开关和前雾灯开关，BCM 接收开关信号，经 B-CAN 向 IPS 控制模块发送指令信号，电流从常时电源经 IP B+2 60 A 熔丝，经 IPS 5 接通左前、右前雾灯，搭铁回蓄电池负极，左、右前雾灯点亮，同时控制仪表盘前雾灯指示灯点亮。

后雾灯回路分析：

后雾灯开关闭合，BCM 接收开关信号，控制后雾灯继电器线圈接通，后雾灯继电器触点闭合，电流从常时电源经 FOG LP RR 15 A 熔丝、后雾灯继电器触点，接通左后、右后雾灯，搭铁回蓄电池负极，左、右后雾灯点亮。

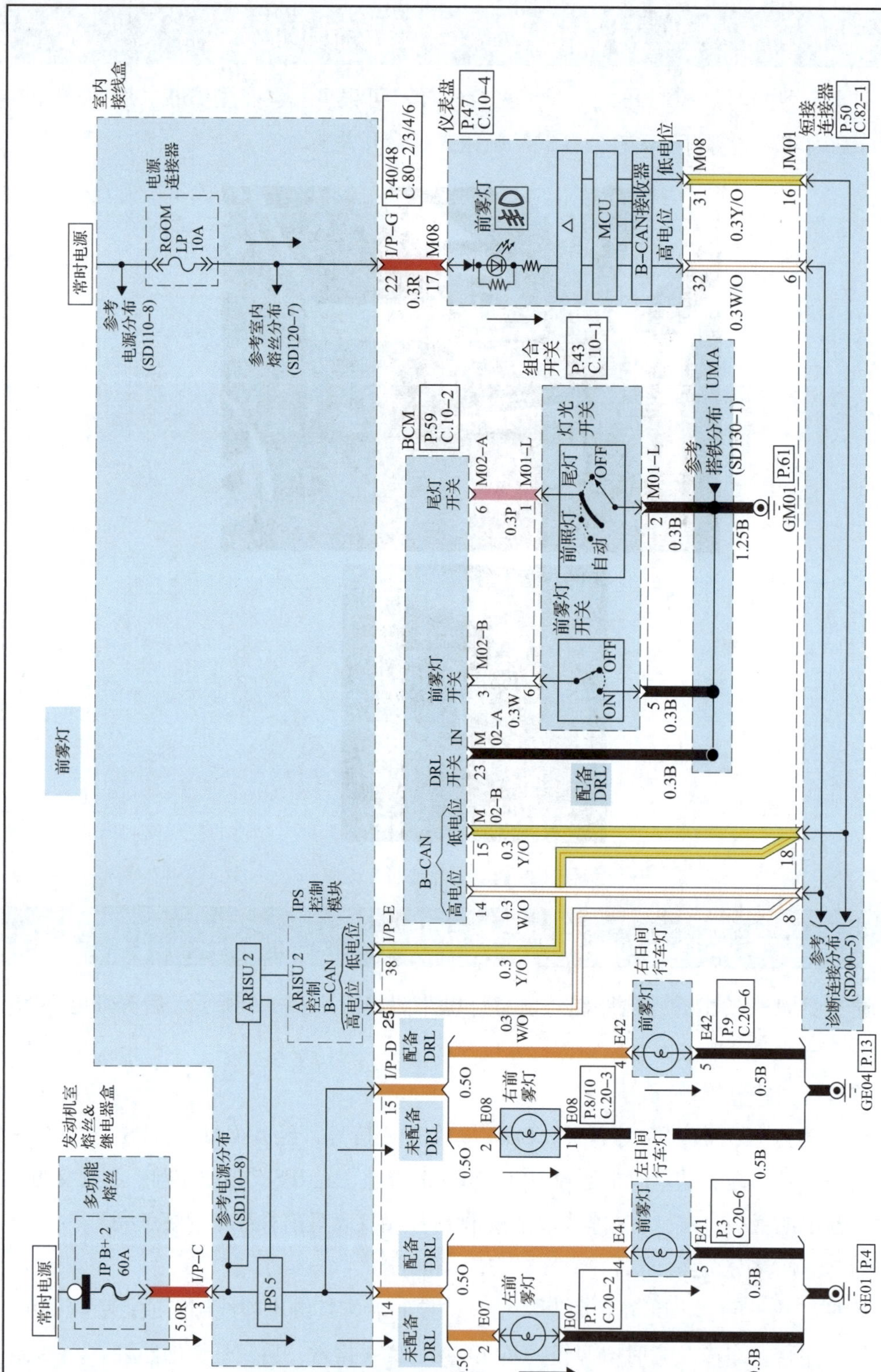
前雾灯
常时电源
发动机室熔丝&继电器盒
多功能熔丝
IP B+ 2
60A
5.0R
3
I/P-C
参考电源分布
(SD110-8)
IPS 5
ARISU 2
ARISU 2
控制
B-CAN
高电位
低电位
IPS
控制
模块
I/P-E
38
25
0.3
Y/O
0.3
W/O
I/P-D
15
14
未配备
DRL
配备
DRL
0.5O
E07
左前
雾灯
P.1
C.20-2
E08
右前
雾灯
P.8/10
C.20-3
E41
左日间
行车灯
前雾灯
P.3
C.20-6
E42
右日间
行车灯
前雾灯
P.9
C.20-6
0.5B
GE01
P.4
GE04
P.13
室内
接线盒
电源
连接器
ROOM
LP
10A
参考
电源分布
(SD110-8)
参考室内
熔丝分布
(SD120-7)
常时电源
I/P-G
P.40/48
C.80-2/3/4/6
22
0.3R
17
M08
仪表盘
P.47
C.10-4
前雾灯
MCU
B-CAN接收器
高电位
低电位
31
32
0.3Y/O
0.3W/O
BCM
P.59
C.10-2
尾灯
开关
M02-A
M01-L
6
0.3P
1
前雾灯
开关
M02-B
3
0.3W
6
DRL
开关
IN
M
02-A
23
M
02-B
B-CAN
高电位
低电位
15
14
组合
开关
P.43
C.10-1
灯光
开关
前照灯
尾灯
OFF
自动
前雾灯
开关
ON
OFF
M01-L
2
0.3B
5
0.3B
0.3B
配备
DRL
参考
搭铁分布
(SD130-1)
UMA
1.25B
GM01
P.61
短接
连接器
P.50
C.82-1
JM01
16
6
18
8
参考
诊断连接分布
(SD200-5)

图 5—2—5　前雾灯电路图

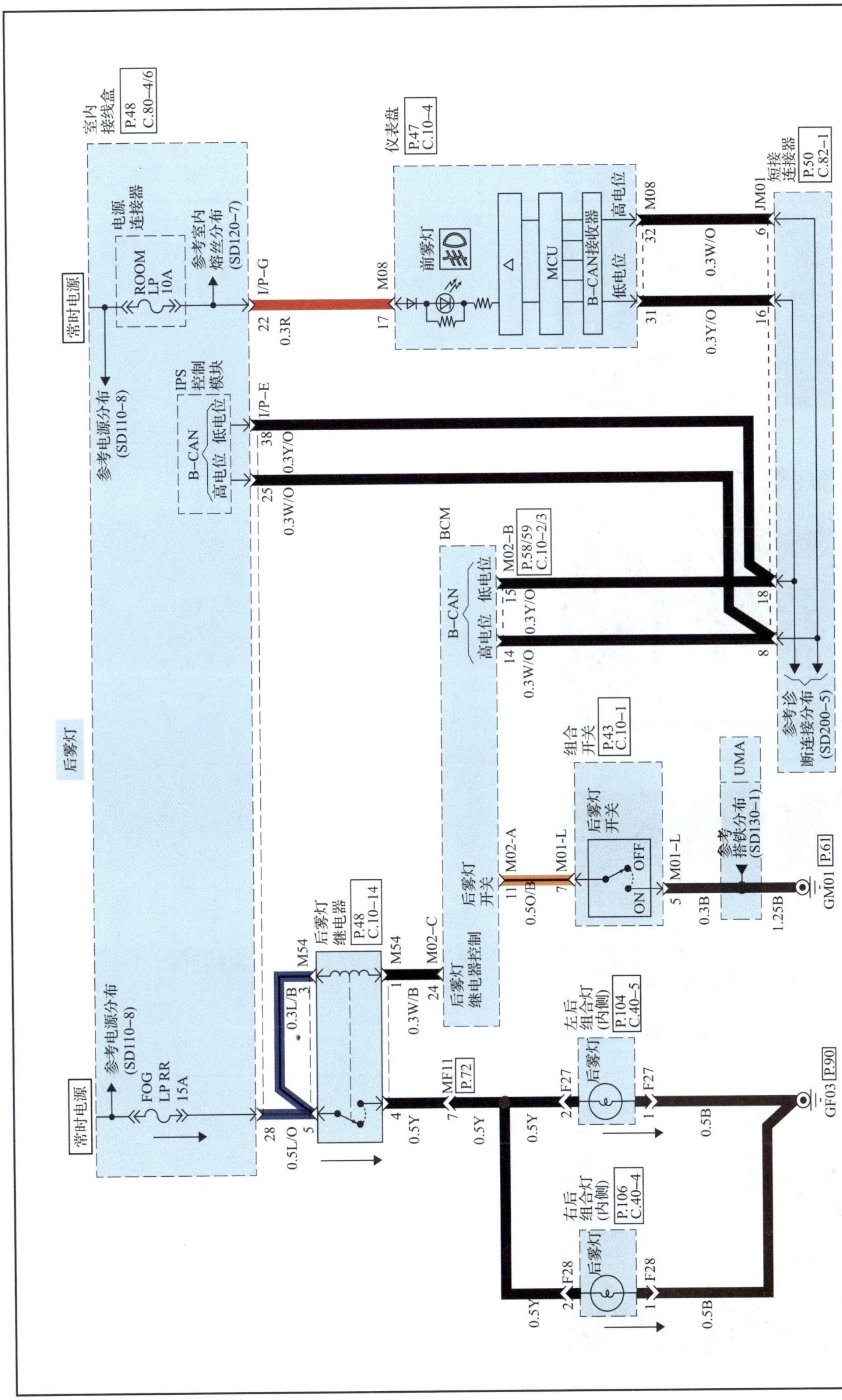
室内
接线盒
P.48
C.80-4/6
常时电源
电源
连接器
ROOM
LP
10A
参考室内
熔丝分布
(SD120-7)
参考电源分布
(SD110-8)
I/P-G
22
0.3R
仪表盘
P.47
C.10-4
M08
17
前雾灯
MCU
B-CAN接收器
高电位
低电位
32
31
0.3W/O
0.3Y/O
JM01
6
16
短接
连接器
P.50
C.82-1
IPS
控制
模块
B-CAN
高电位
低电位
I/P-E
38
0.3Y/O
25
0.3W/O
BCM
M02-B
P.58/59
C.10-2/3
15
14
18
8
参考诊
断连接分布
(SD200-5)
后雾灯
组合
开关
P.43
C.10-1
后雾灯
开关
M02-A
M01-L
11
7
0.5O/B
ON
OFF
5
0.3B
参考
搭铁分布
(SD130-1)
UMA
1.25B
GM01
P.61
后雾灯
继电器控制
M02-C
24
0.3W/B
M54
1
后雾灯
继电器
P.48
C.10-14
3
0.3L/B
FOG
LP RR
15A
28
0.5L/O
4
0.5Y
MF11
P.72
7
0.5Y
左后
组合灯
(内侧)
P.104
C.40-5
F27
2
1
0.5B
GF03
P.90
右后
组合灯
(内侧)
P.106
C.40-4
F28
2
1
0.5Y
0.5B

图 5—2—6　后雾灯电路图

任务实施

一、前雾灯的拆装

	1．关闭点火开关。
	2．分离蓄电池负极搭铁线。
	3．拆卸前保险杠。 提示： ◆ 拆卸保险杠上的固定螺钉。
	4．分离前雾灯导线连接器。 提示： ◆ 某些车型无前雾灯。

	5．取出前雾灯灯泡。 提示： ◆ 前雾灯的安装顺序与拆卸顺序相反。
二、前雾灯不亮故障的诊断	
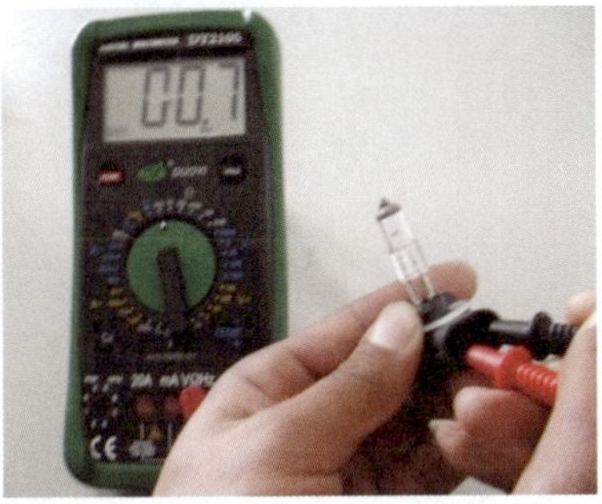	1．检测前雾灯灯泡。 取下前雾灯灯泡，检测灯泡是否导通。 提示： ◆ 良好的灯丝电阻值 R<1 Ω，否则应更换。
	2．检测多功能熔丝 IP B+2。 提示： ◆ 检测多功能熔丝 IP B+2（60 A），若导通电阻 R<1 Ω 说明其状态良好，否则应更换。
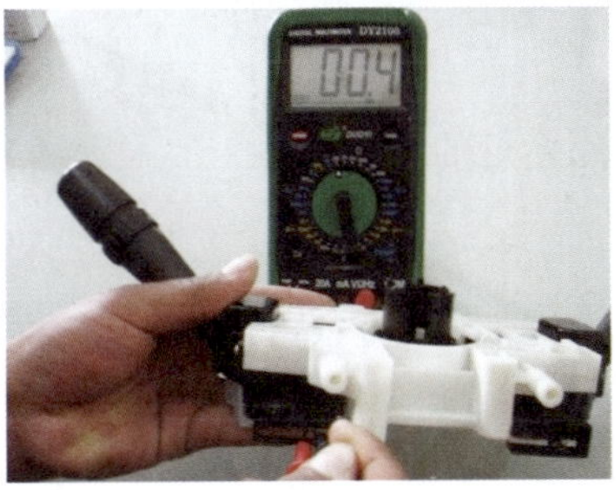	3．检查组合开关中的前雾灯开关。 提示： ◆ 开关处于闭合状态，若导通电阻 R<1 Ω 说明其状态良好，否则应更换。

三、后雾灯的拆装

	1．关闭点火开关。
	2．分离蓄电池负极搭铁线。
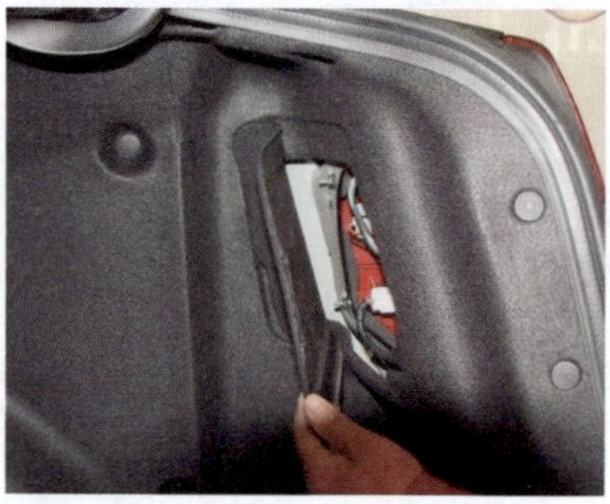	3．拆开后组合灯的装饰板。 提示： ◆ 装饰板无固定螺钉，直接用手就可取下。
	4．拆卸后组合灯的螺钉。 提示： ◆ 用扳手拆下固定右后组合灯的 4 颗螺母。

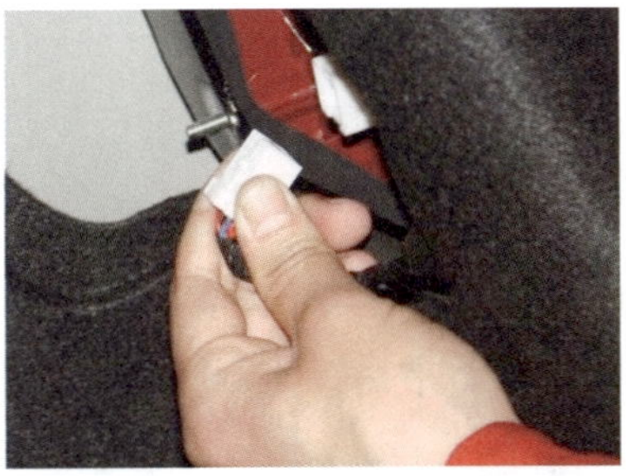	5．拔下后组合灯上的连接器。 提示： ◆ 拆卸连接器时应按下锁扣，不能直接拉导线。
	6．取下后组合灯总成。
	7．转动后雾灯的灯座，取下后雾灯。 提示： ◆ 如损坏应更换。 ◆ 后雾灯的安装顺序与拆卸顺序相反。

四、后雾灯不亮故障的诊断

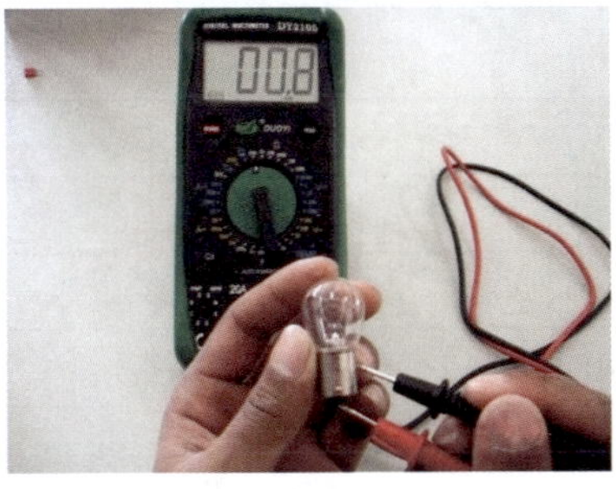	1．检测后雾灯灯泡。 取下后雾灯灯泡，用万用表检测灯泡的电阻值，若电阻值 $R<1\ \Omega$ 说明其状态良好，否则应更换。

	2．检测 FOG LP RR 熔丝。 提示： ◆ 检测 FOG LP RR 熔丝（15 A），若导通电阻 R<1 Ω 说明其状态良好，否则应更换。
	3．检查后雾灯继电器。 （1）将继电器的 85 和 86 端子通上 12 V 直流电，用万用表检测其 30 和 87 端子，两端子间导通电阻 R<1 Ω。 （2）当分离电源时，30 和 87 端子之间应不导通。
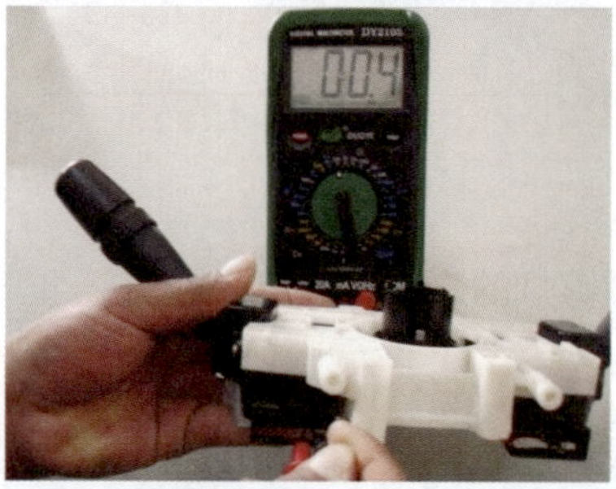	4．检查组合开关中的后雾灯开关。 提示： ◆ 开关处于闭合状态，若导通电阻 R<1 Ω 说明其状态良好，否则应更换。

考评标准表——雾灯的检修

时间：20 min

序号	项目	分值	评分标准	评价结果
1	描述汽车雾灯的作用和结构	10	错一项扣 5 分	
2	描述汽车雾灯的位置和控制方法	10	在实车上认知并操作，错一项扣 2 分	
3	汽车雾灯电路分析	20	描述准确，错一项扣 5 分	
4	汽车前雾灯的拆装	15	操作准确，错一项扣 5 分	
5	汽车前雾灯不亮故障的诊断	15	操作准确，错一项扣 5 分	
6	汽车后雾灯的拆装	15	操作准确，错一项扣 5 分	
7	汽车后雾灯不亮故障的诊断	15	操作准确，错一项扣 5 分	
分数合计		100		

任务 3　转向报警灯的检修

实训目标

1. 掌握转向报警灯的组成、作用及安装位置。
2. 掌握汽车转向报警灯电路的分析方法。
3. 掌握汽车转向报警灯常见故障排除方法。

实训准备

1. 设备：整车、汽车电路台架、转向灯总成、常用工具、万用表。
2. 材料：汽车电路系统挂图。
3. 场地：汽车电气（一体化）实训室。

工作任务

转向灯属于汽车信号系统，当转向灯出现故障时，首先要清楚转向灯的工作原理和控制关系，才能正确进行分析和检测，最终排除故障。本任务要求对转向报警灯进行检修。

知识储备

一、转向报警灯的作用

1. 转向功能

在车辆转弯时给出信号，显示车辆行驶方向，以提醒其他车辆和行人注意。有时转向灯也可在狭窄的地方充当照明作用，以便司机观察两旁的障碍物。

2. 报警功能

两侧转向灯同时开启的时候起到警示及示宽的作用（兼作危险报警灯）。

二、转向信号装置的组成

转向信号装置由转向信号灯、闪光继电器和转向开关等组成。

1. 转向信号灯

用以显示汽车的行驶方向，前转向信号灯为橙色，后转向信号灯为橙色或红色。国标规定转向信号灯的闪光频率为 60 ~ 120 次 / 分钟，亮暗时间比（通电率）在 3:2 为佳。转向信号灯由转向开关控制，其闪光频率由闪光器控制。

2. 闪光继电器

闪光继电器有电热式、电容式、电子式三类，电子式又分为晶体管式和集成电路式两类。

电子式闪光继电器具有性能稳定、可靠性高等优点，故被广泛应用。

三、转向报警灯的安装位置

汽车转向报警灯的位置根据各车型有所不同，前转向灯在前组合灯内，后转向灯在后组合灯内。

图 5—3—1 所示为起亚 K5 前转向灯的位置，转向灯在组合灯的内侧，也有的厂家设计在前组合灯的外侧。

图 5—3—1　前转向灯的位置

图 5—3—2 所示为起亚 K5 后转向灯的位置，后转向灯均设计在后组合灯的外侧。

图 5—3—2　后转向灯的位置

四、汽车转向报警灯控制开关

转向开关都在转向盘左侧拨杆式组合开关上，如图 5—3—3 所示，向下拨动为左转向，向上拨动为右转向，中间为关闭状态，转向盘转动过程中有自动复位转向开关的功能。

图 5—3—3　转向开关

报警开关一般位于中控位置，如图 5—3—4 所示。

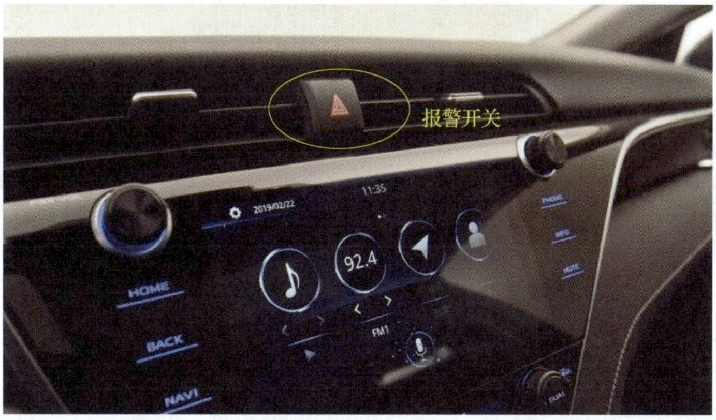

图 5—3—4　报警开关

五、转向报警灯电路分析

通过目录查找出转向报警灯电路图，图 5—3—5 所示为转向报警灯开关电路图；图 5—3—6 所示为左侧转向报警灯电路图，图 5—3—7 所示为右侧转向报警灯电路图，按回路原则进行分析。

1. 左转向电路分析

操作组合开关接通左转向开关 11、12，IPS 控制模块接收信号，ARISU1 控制接通左前、左后以及驾驶席后视镜转向灯，左转向灯工作，同时接通转向信号灯声音继电器工作。B-CAN 控制相应仪表盘左转向指示灯工作。

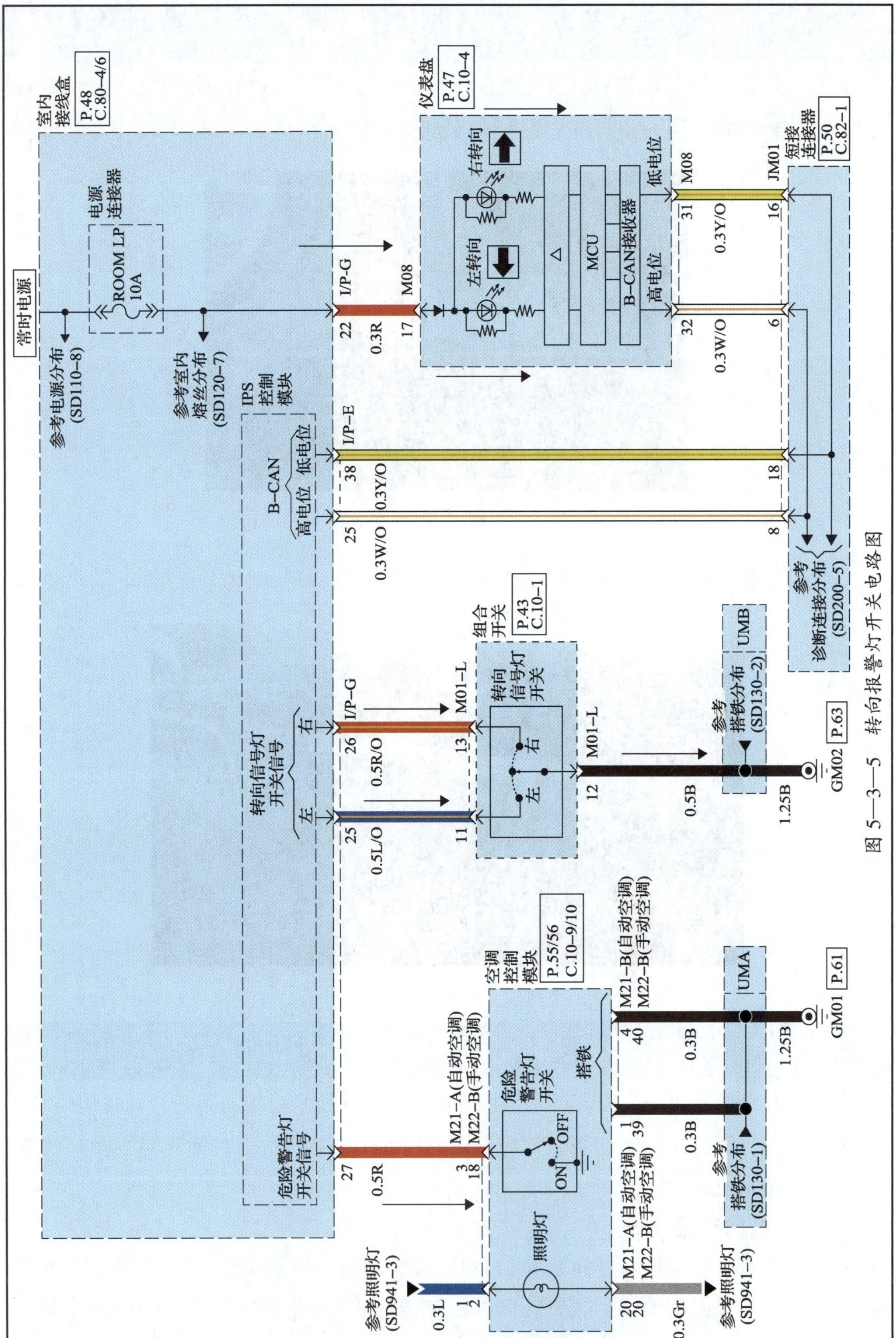

图 5—3—5 转向报警灯开关电路图

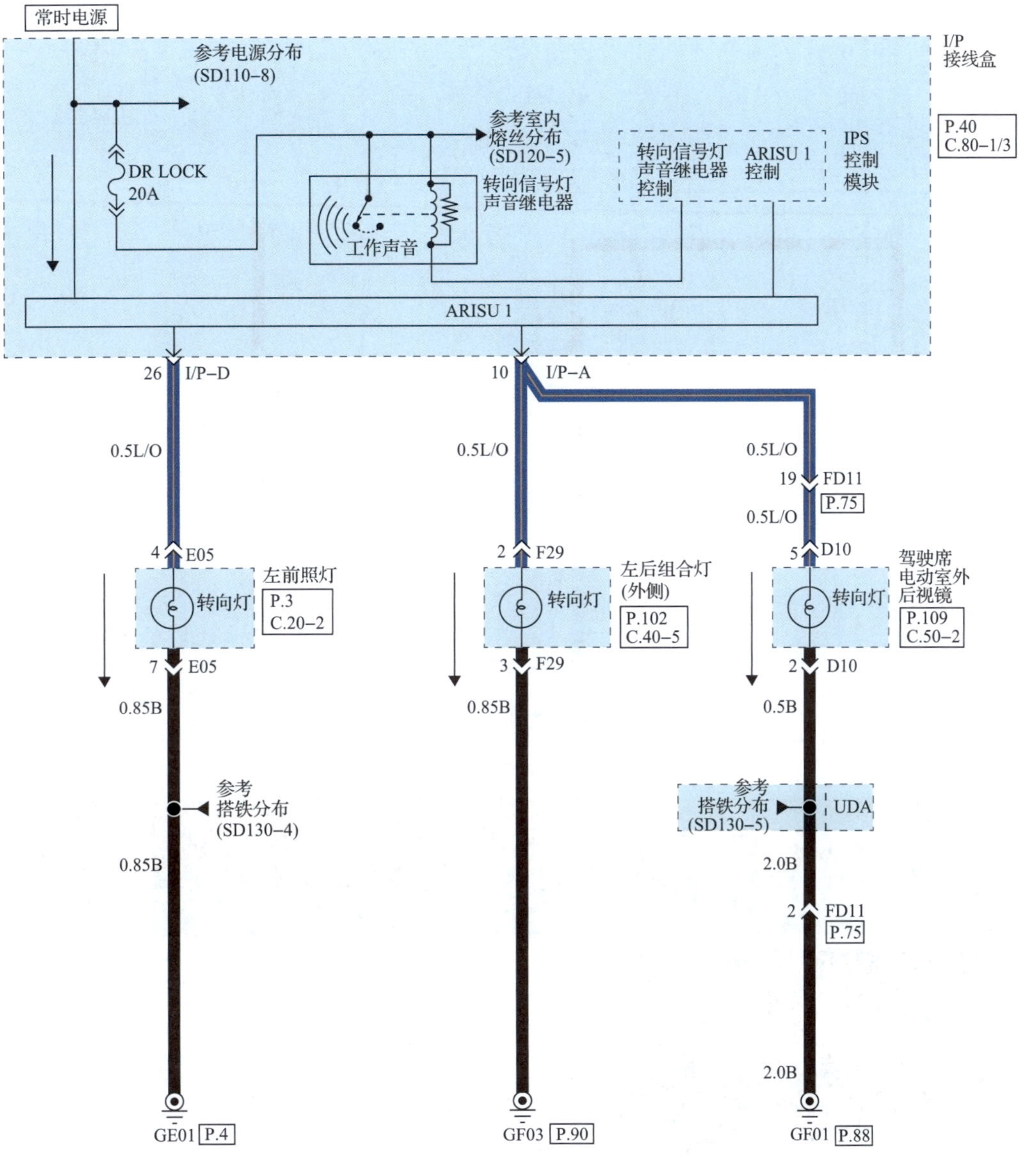

图 5—3—6　左侧转向报警灯电路图

2. 右转向电路分析

操作组合开关接通右转向开关 12、13，IPS 控制模块接收信号，ARISU2 控制接通右前、右后以及助手席后视镜转向灯，右转向灯工作。B-CAN 控制相应仪表盘右转向指示灯工作。

3. 危险警告灯电路分析

操作危险警告灯开关，IPS 控制模块接收信号，控制左、右转向灯和指示灯同时工作。

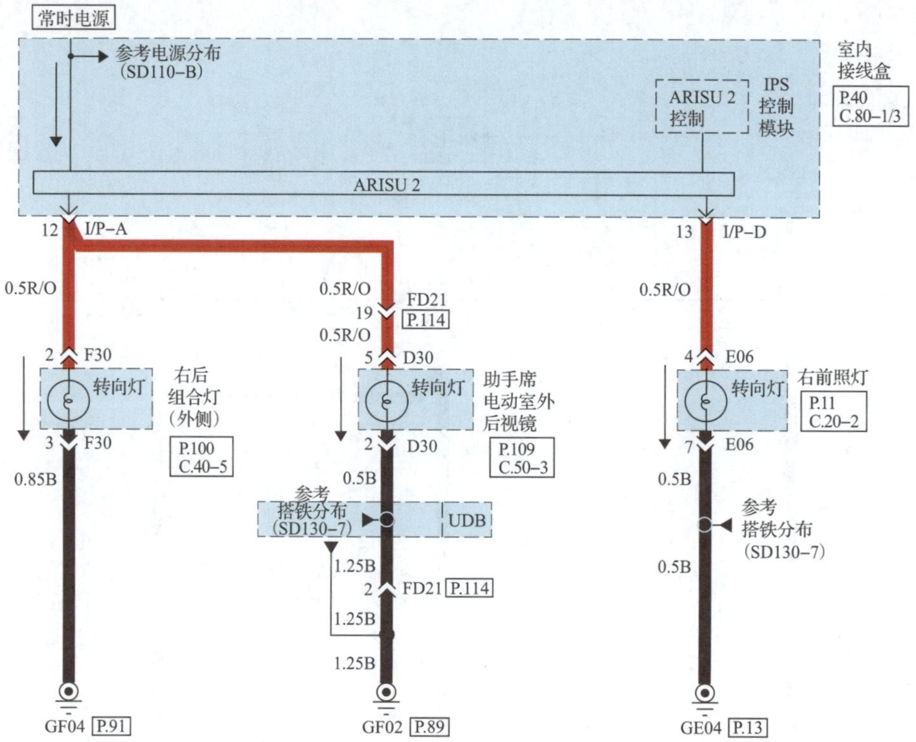

图 5—3—7　右侧转向报警灯电路图

任务实施

一、前转向灯的拆装

	1．关闭点火开关，分离蓄电池负极搭铁线。
	2．拆卸前组合灯插接器。 提示： ◆ 分离时不能直接拽连接器，要压下闭锁。

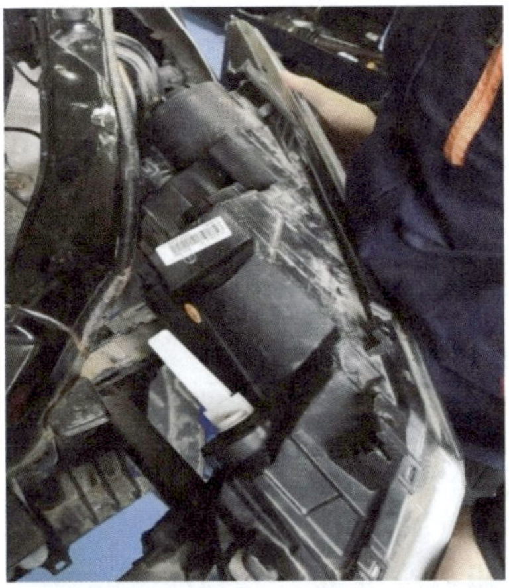	3．拆下前组合灯总成。 详见前照灯的拆卸。
	4．取下前转向灯灯泡。 转动灯座，取出前转向灯灯泡。 提示： ◆ 转向灯的安装顺序与拆卸顺序相反。

二、后转向灯的拆装

	1．关闭点火开关，分离蓄电池负极搭铁线。
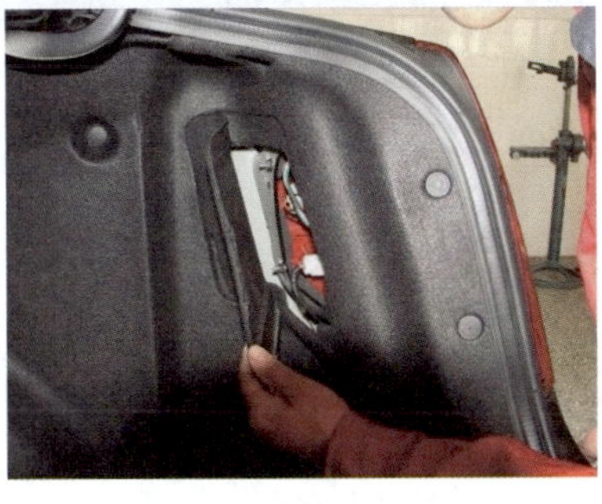	2．拆开后组合灯装饰板。

	3．拆卸后组合灯总成。 提示： ◆ 用扳手拆下固定后组合灯的 4 颗螺母。 ◆ 拔下后组合灯上的连接器。
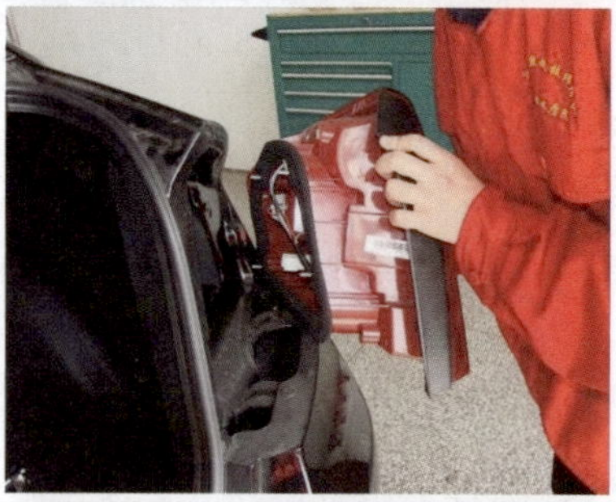	4．取下后组合灯总成。
	5．拆下后转向灯。 提示： ◆ 转动后转向灯灯座，取出后转向灯。
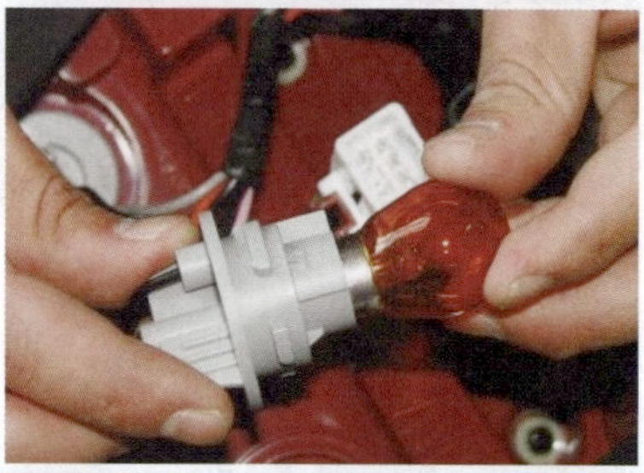	6．拆下后转向灯灯泡。 提示： ◆ 安装顺序与拆卸顺序相反。 ◆ 安装后要擦干净灯泡玻璃部分。

三、转向灯不亮故障的诊断

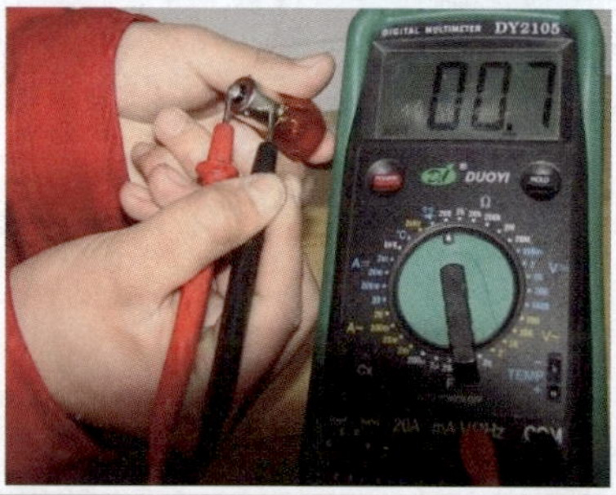	1．检查转向报警灯灯泡。 取下转向灯灯泡，检测灯泡应导通。 提示： ◆ 良好的灯丝的导通电阻 $R<1\ \Omega$，否则应更换。

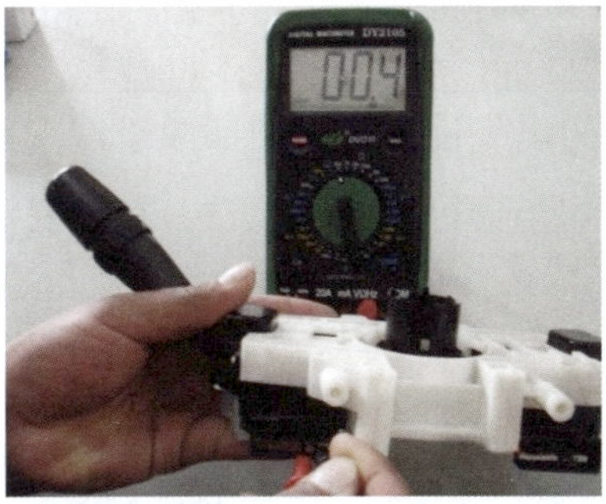	2．检查转向报警灯开关。 组合开关分别置于左、右转向挡位时，检测组合开关连接器，若导通电阻 $R<1\ \Omega$ 说明其状态良好，否则应更换。

考评标准表——转向报警灯的检修

时间：20 min

序号	项目	分值	评分标准	评价结果
1	描述汽车转向报警灯的作用及组成	10	描述准确，错一项扣 5 分	
2	描述汽车转向报警灯的位置和控制方法	10	在实车上认知并操作，错一项扣 2 分	
3	汽车转向报警灯电路分析	20	描述准确，错一项扣 5 分	
4	汽车前转向报警灯的拆装	15	操作准确，错一项扣 5 分	
5	汽车后转向报警灯的拆装	15	操作准确，错一项扣 5 分	
6	汽车转向报警灯灯泡的检查	10	操作准确，错一项扣 5 分	
7	汽车转向报警灯不亮故障的诊断	20	操作准确，错一项扣 5 分	
分数合计		100		

任务 4　制动灯、倒车灯、电喇叭的检修

实训目标

1. 了解制动灯、倒车灯、电喇叭的作用及安装位置。
2. 掌握汽车制动灯、倒车灯、电喇叭电路的分析方法。
3. 掌握汽车制动灯、倒车灯、电喇叭常见故障排除方法。

实训准备

1. 设备：整车、汽车电路台架。
2. 材料：汽车电路系统挂图。
3. 场地：汽车电气（一体化）实训室。

工作任务

制动灯、倒车灯、电喇叭都是汽车上必不可少的电气设备，它们都属于汽车照明与信号系统，当这些电气设备出现故障时，会影响车辆行驶的安全性。首先要清楚它们的工作原理和控制关系，才能正确进行分析和检测，最终排除故障。

知识储备

一、汽车制动灯

1. 作用

当驾驶员踩下制动踏板时，制动灯点亮，并发出红色光，提醒后面的车辆注意车距，防止追尾；当松开制动踏板时制动灯熄灭。

2. 安装位置（见图 5—4—1）

图 5—4—1 汽车制动灯

（1）制动灯（刹车灯）一般安装在车尾两侧，与尾灯共用灯泡（双丝灯泡）。

（2）高位制动灯也称第三制动灯，一般安装在车尾上部，以便后方车辆能及早发现前方车辆而实施制动，防止发生汽车追尾事故。

3. 电路分析

通过目录查找出制动灯电路图，图 5—4—2 所示为制动灯开关电路图，图 5—4—3 所示为制动灯电路图，根据回路原则进行分析。

如图 5—4—2 所示，制动灯开关为双开关式，即开关 A 和开关 B。两个信号根据制动踏板的操作传送相反值。如果没有踩下制动踏板，制动灯开关 A 传送电源电压值，制动灯开关 B 传送 0 V 值。如果踩下制动踏板，输出值相反。制动灯开关 B 用于相关系统（ABS/ESP 控制模块、智能钥匙控制模块、PCM）的控制信号，制动灯开关 A 用于制动灯开关检测信号。

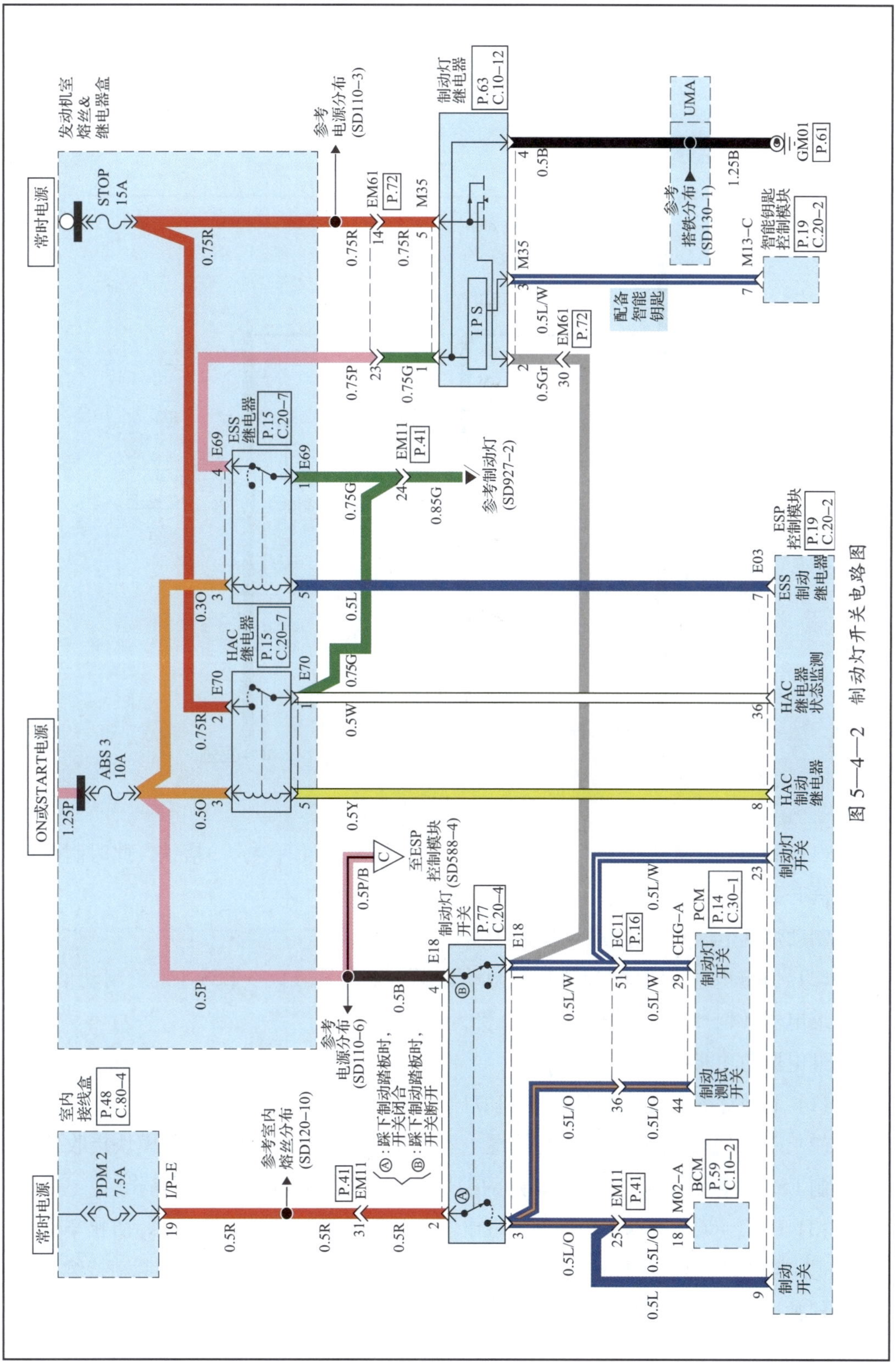

图 5—4—2　制动灯开关电路图

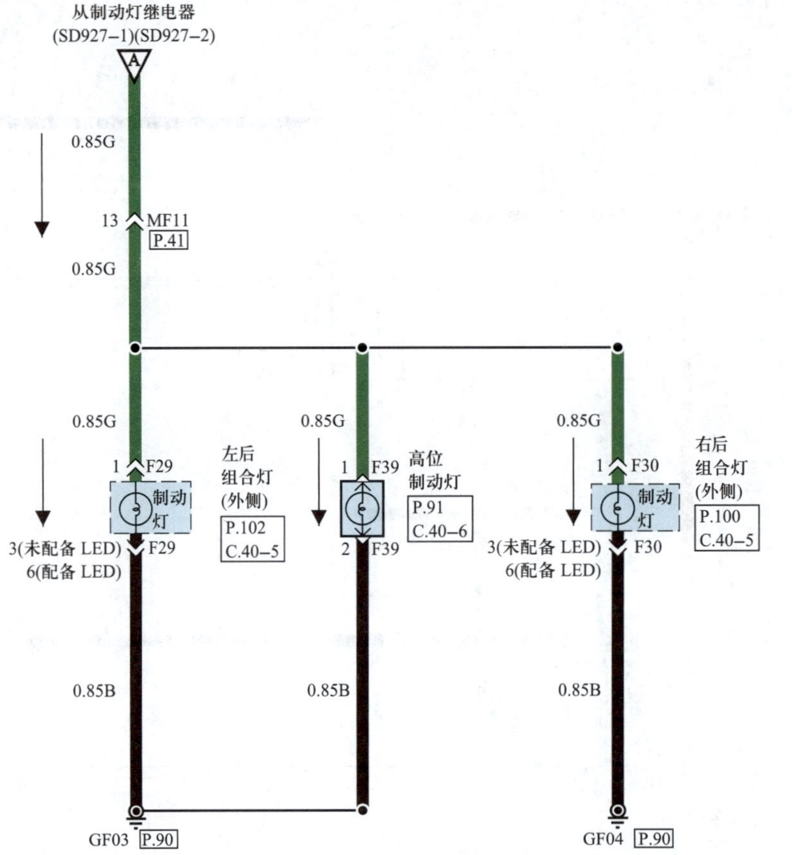

图 5—4—3　制动灯电路图

(1) 制动灯开关 A“ON”(2，1) →制动灯继电器 (2，4) →搭铁，此时制动灯继电器开关 (5，1)“ON”。

制动灯继电器开关 (3) 传送制动灯开关工作信号。

(2) 恒定电源 (STOP 15 A) →制动灯继电器 (5，1) → ESS (紧急制动信号) 制动继电器 (4，1) →制动灯“ON”。

继电器的功能：

(1) 制动灯继电器：用于增加制动灯开关的耐久性。

(2) ESS (紧急制动信号) 制动继电器：在紧急制动时，IPS 控制模块接收信号并控制 ESS 制动继电器，通过制动灯的闪烁，向后方驾驶员发送危险信号。

(3) HAC (坡道起动辅助控制) 继电器：此系统用于在上坡起步时，防止车辆向后倒退。当检测到坡度时系统自动激活，在释放制动踏板后，保持车辆制动持续 2 s，给予驾驶员时间以操作加速踏板。

二、汽车倒车灯

1. 作用

倒车时车尾白色的倒车灯点亮，一方面可以照亮车尾的路面和障碍物，减少倒车时的盲区，另一方面也可以提醒车后行人注意。

2. 安装位置

倒车灯安装在汽车尾部的后组合灯内，有的车型只有右后侧倒车灯（如大众、丰田卡罗拉等），如图 5—4—4 所示。

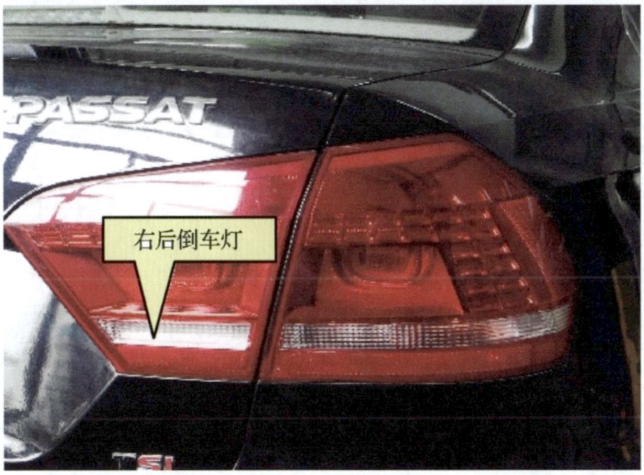

图 5—4—4　汽车倒车灯的位置

3. 电路分析

通过目录查找出倒车灯电路图，如图 5—4—5 所示，根据回路原则进行分析。

挡位开关置于倒车挡（R 挡），PCM 接收挡位信号，BCM 控制倒车灯电路接通。

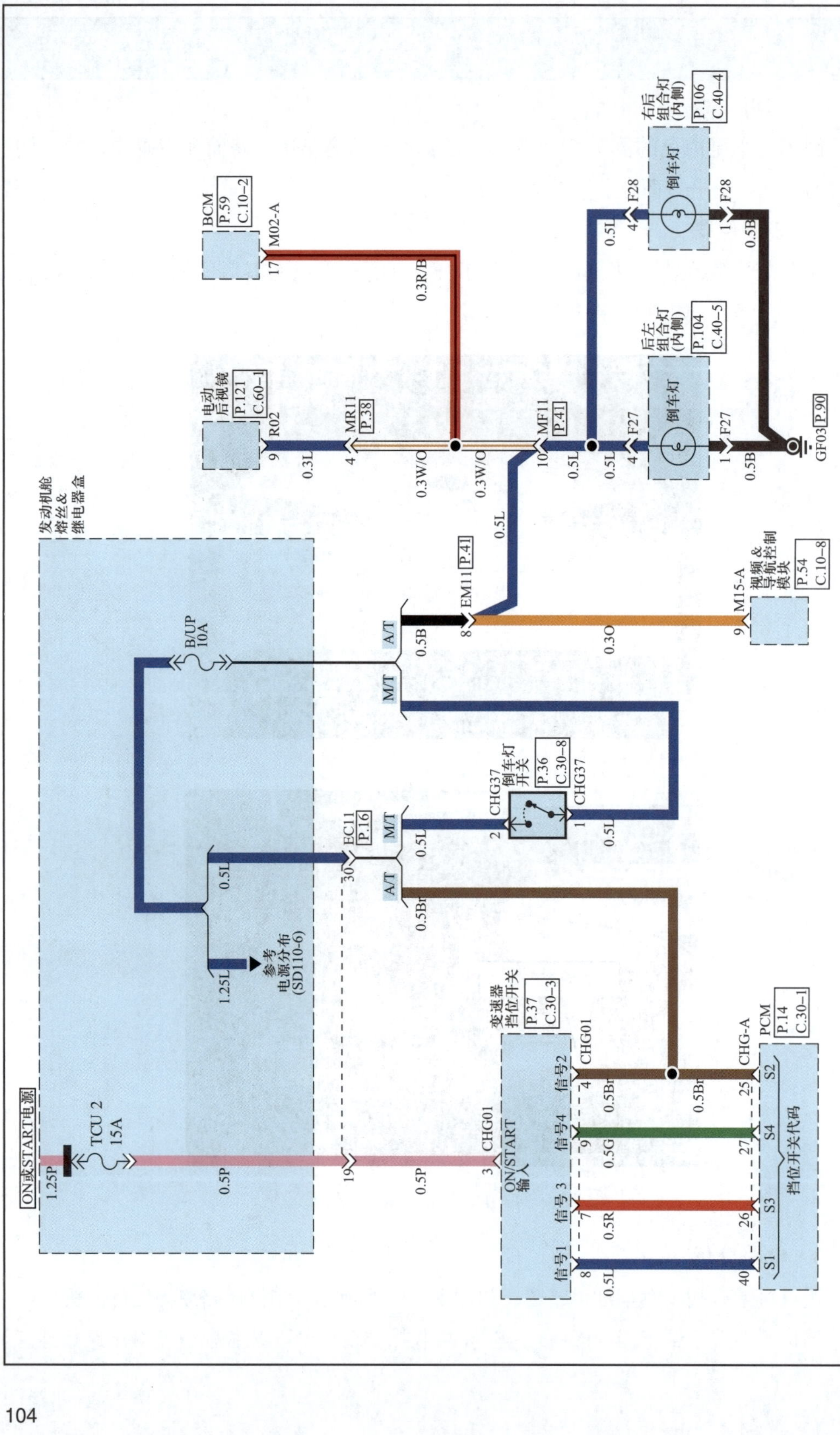
ON或START电源
1.25P
TCU 2
15A
0.5P
发动机舱
熔丝&
继电器盒
B/UP
10A
0.5L
1.25L
参考
电源分布
(SD110-6)
19
0.5P
30
EC11
P.16
A/T
M/T
0.5Br
0.5L
A/T
M/T
0.5B
8
EM11
P.41
0.3O
9
M15-A
视频&
导航控制
模块
P.54
C.10-8
CHG37
倒车灯
开关
P.36
C.30-8
2
1
CHG37
0.5L
0.5L
MF11
P.41
10
0.3W/O
0.3W/O
4
MR11
P.38
0.3L
9
R02
电动
后视镜
P.121
C.60-1
0.3R/B
17
M02-A
BCM
P.59
C.10-2
0.5L
4
F27
倒车灯
1
F27
0.5B
后左
组合灯
(内侧)
P.104
C.40-5
GF03
P.90
0.5L
4
F28
倒车灯
1
F28
0.5B
右后
组合灯
(内侧)
P.106
C.40-4
变速器
挡位开关
P.37
C.30-3
CHG01
3
ON/START
输入
信号2
4
0.5Br
信号4
9
0.5G
信号 3
7
0.5R
信号1
8
0.5L
0.5Br
CHG-A
25
S2
27
S4
26
S3
40
S1
PCM
P.14
C.30-1
挡位开关代码

图 5—4—5　倒车灯电路图

三、汽车电喇叭

1. 作用

电喇叭是汽车的音响信号装置。在汽车行驶过程中，驾驶员根据需要和规定发出必要的音响信号，警告行人并引起其他车辆注意，保证交通安全，同时还用于催行与传递信号。

2. 安装位置

电喇叭安装在前保险杠后面，如图 5—4—6 所示。

图 5—4—6　汽车电喇叭的位置

3. 电路分析

通过目录查找出电喇叭电路图，如图 5—4—7 所示，根据回路原则进行分析。

(1) 开关电路

常时电源→ HORN 15 A →发动机舱主继电器盒内喇叭继电器线圈→组合开关内时钟弹簧→喇叭开关→搭铁→蓄电池负极。

线圈接通使喇叭继电器触点闭合。

(2) 喇叭电路

常时电源→ HORN 15 A →发动机舱主继电器盒内喇叭继电器触点→左、右喇叭→搭铁→蓄电池负极，电喇叭工作。

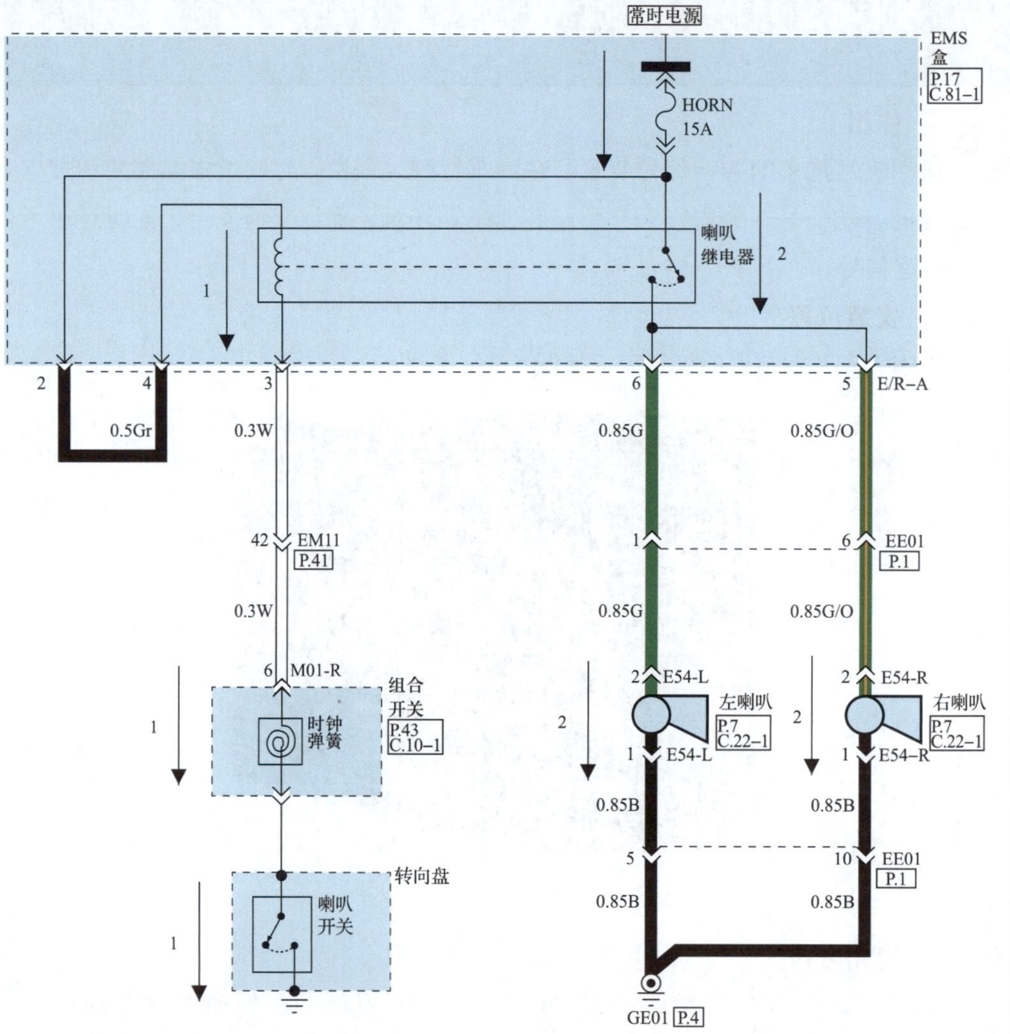

图 5—4—7　电喇叭电路图

任务实施

一、制动灯的拆装

	1．关闭点火开关，分离蓄电池负极搭铁线。

<table>
<tr><td>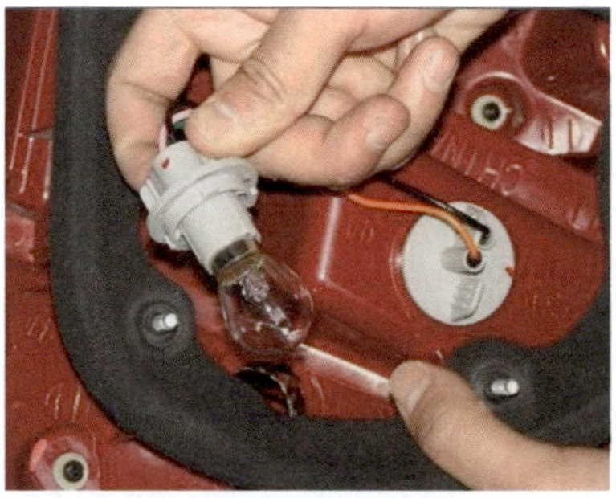</td><td>2．拆卸制动灯。
后组合灯总成拆卸方法同前。
转动制动灯灯座，取下制动灯。
提示：
◆ 制动灯的安装顺序与拆卸顺序相反。</td></tr>
<tr><td colspan="2">二、制动灯不亮故障的诊断</td></tr>
<tr><td>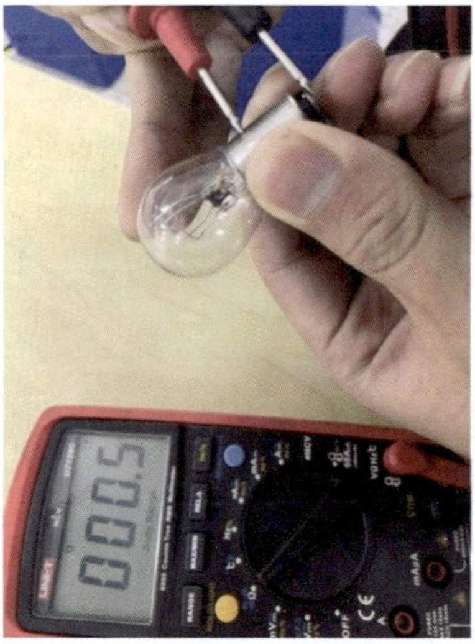</td><td>1．检测制动灯灯泡。
取下制动灯灯泡，检测灯泡应导通。
提示：
◆ 良好的灯丝应有较小的电阻值（R<1 Ω），否则应更换。</td></tr>
<tr><td></td><td>2．检测制动灯电路的熔断器。
提示：
◆ 检测发动机室主继电器盒 STOP 15 A、ABS 3 10 A，若电阻 R<1 Ω 说明其状态良好，否则应更换。
◆ 检测室内接线盒 PDM 2 7.5 A，若电阻 R<1 Ω 说明其状态良好，否则应更换。</td></tr>
</table>

3．检查制动灯电路的继电器。

提示：

◆ 检查 HAC 继电器、ESS 继电器、制动灯继电器。

（1）将继电器的 85 和 86 端子通上 12 V 的直流电，用万用表检测其 30 和 87 端子，两端子间导通电阻 $R<1\ \Omega$。

（2）当分离电源时，端子 30 和 87 之间应不导通，否则应更换。

三、倒车灯的拆装

1．关闭点火开关，分离蓄电池负极搭铁线。

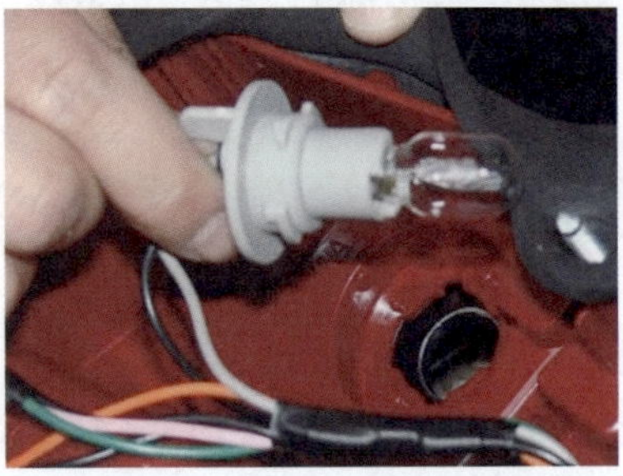

2．拆卸倒车灯。

后组合灯总成拆卸方法同前。

转动倒车灯的灯座，取下倒车灯。

提示：

◆ 倒车灯的安装顺序与拆卸顺序相反。

四、倒车灯不亮故障的诊断

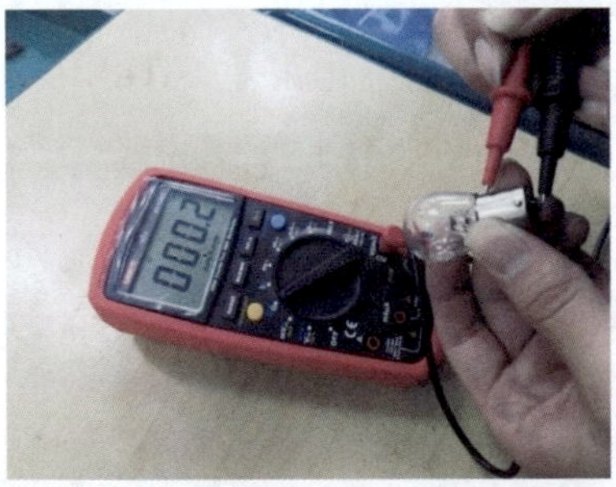

1．检查倒车灯灯泡。

取下倒车灯灯泡，检测灯泡应导通。

提示：

◆ 良好的灯丝应有较小的电阻值（$R<1\,\Omega$），否则应更换。

<table>
<tr><td>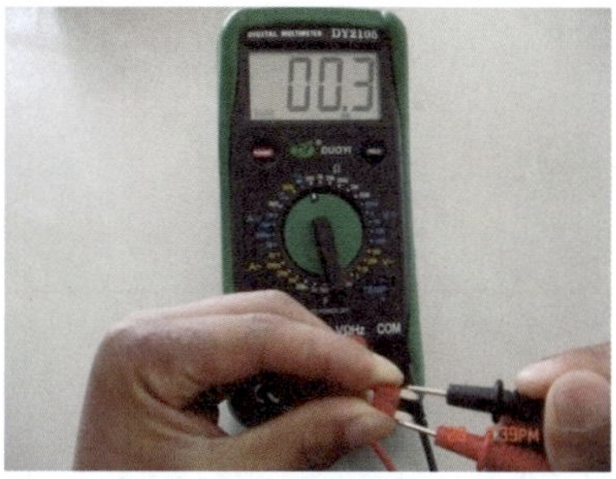</td><td>2．检查倒车灯电路熔断器。
提示：
◆ 检测发动机舱主继电器盒 B/UP 10 A、TCU 2 15 A，若电阻 $R<1\,\Omega$ 说明其状态良好，否则应更换。</td></tr>
<tr><td colspan="2">五、电喇叭的拆装</td></tr>
<tr><td></td><td>1．关闭点火开关，分离蓄电池负极搭铁线。</td></tr>
<tr><td></td><td>2．拆卸汽车前部的散热器面罩。
提示：
◆ 取下散热器面罩后可看到电喇叭。</td></tr>
<tr><td></td><td>3．拆卸电喇叭固定螺钉。</td></tr>
</table>

	4．拔下连接器，取下电喇叭。 提示： ◆ 电喇叭的安装顺序与拆卸顺序相反。
六、电喇叭不响故障的诊断	
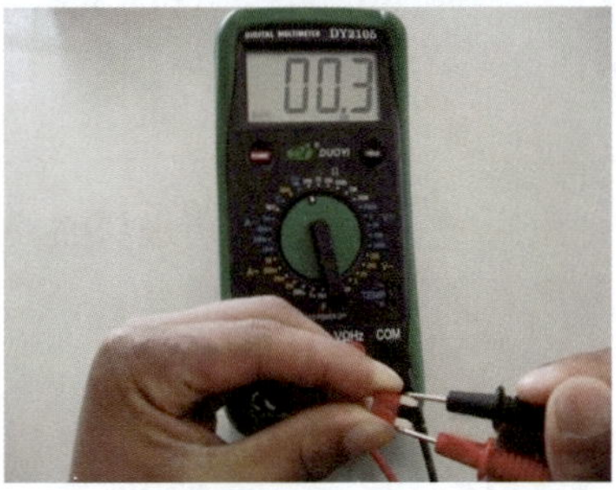	1．检查电喇叭熔断器。 提示： ◆ 检测发动机舱主继电器盒 HORN 15 A，若电阻 $R<1\ \Omega$ 说明其状态良好，否则应更换。
	2．检查 EMS 盒内电喇叭继电器。 （1）将继电器的 85 和 86 端子通上 12 V 直流电，用万用表检测其 30 和 87 端子，两端子之间导通电阻 $R<1\ \Omega$。 （2）当分离电源时，30 和 87 端子之间应不导通，否则应更换。
	3．检查电喇叭。 取下电喇叭，将电喇叭两个端子通上 12 V 电压，电喇叭的声音应正常，否则应更换。

考评标准表——制动灯、倒车灯、电喇叭的检修

时间：____20____min

序号	项目	分值	评分标准	评价结果
1	描述汽车制动灯、倒车灯、电喇叭的作用	5	描述准确，错一项扣 1 分	
2	描述汽车制动灯、倒车灯、电喇叭的位置和控制方法	5	在实车上认知并操作，错一项扣 1 分	
3	汽车制动灯电路图分析	10	描述准确，错一项扣 5 分	
4	汽车倒车灯电路图分析	10	描述准确，错一项扣 5 分	
5	汽车电喇叭电路图分析	10	描述准确，错一项扣 5 分	
6	汽车制动灯的拆装和检修	20	操作准确，错一项扣 5 分	
7	汽车倒车灯的拆装和检修	20	操作准确，错一项扣 5 分	
8	汽车电喇叭的拆装和检修	20	操作准确，错一项扣 5 分	
分数合计		100		

课题六
电动车窗检测与维修

任务1　电动车窗的拆装

实训目标

1. 了解电动车窗的作用、组成及各组成部分的结构。
2. 熟悉电动车窗的基本控制电路。
3. 了解电动车窗的工作原理。
4. 掌握电动车窗的拆装方法。

实训准备

1. 设备：整车、世达组合工具（维修级）、一字旋具、十字旋具。
2. 材料：汽车电动车窗系统电路图挂图。
3. 场地：汽车电气（一体化）实训室。

工作任务

现代汽车对驾乘舒适性要求越来越高，电动车窗技术在汽车上的广泛应用就是提高驾乘舒适性的一种体现。电动车窗系统出现故障，会导致车窗无法正常开闭等故障，有时需要正确拆装电动车窗系统。

知识储备

一、电动车窗的作用

电动车窗就是用伺服电动机驱动玻璃的升降，使驾驶员即使在行车过程中也能方便地开、关车窗，所以电动车窗又叫自动车窗。电动车窗的分布情况如图6—1—1所示。

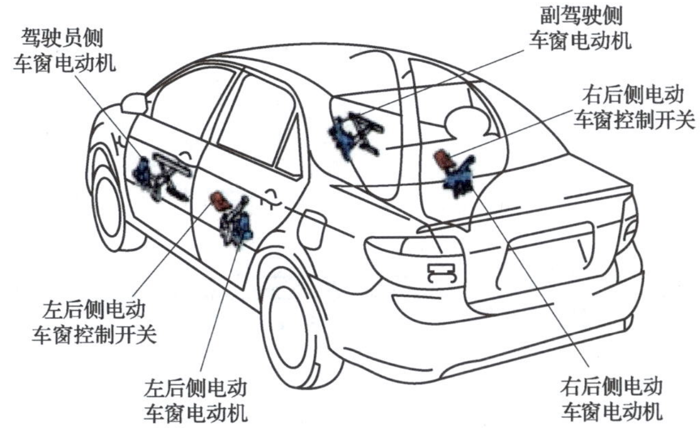

图 6—1—1　电动车窗的分布情况

电动车窗的主要作用如下。

1. 降低车窗操作的烦琐性

传统的手摇车窗在升降过程中需要摇动手把，而电动车窗则通过一键开关即可控制车窗的升降，降低了操作烦琐性。

2. 提高后排乘客的安全性

采用传统手摇车窗的汽车在行驶过程中，驾驶员无法控制后排车窗的启闭，当乘坐的儿童将头部、手臂贸然伸出窗外时，驾驶员无法采取有效的措施直接制止其危险行为。而采用电动车窗时，驾驶员则可以设置后排车窗的开启幅度并进行锁定，可以避免后排乘坐的儿童将肢体伸出车窗外，从而提高了行车过程中乘客的安全性。

3. 能够在车外关闭车窗

如果驾驶员自车内走出而忘记将车窗关闭，不需再进入车内关窗，可在车外通过中央门锁系统，将车窗自动关闭。

4. 自动升降

轻按并松开下降开关，车窗会一直下降。该功能使用的电路可监控按下开关的时间，如果按下开关的时间不足 0.5 s，则车窗将会一直下降，直至碰到限制开关为止。

5. 防夹作用

当车窗玻璃上升时，如果在上升区域内有人体某部位或物件时，车窗玻璃会立即反转（下降）一段距离后停止，以防止夹伤乘客。

二、电动车窗的结构

电动车窗系统是通过开关操作开闭车窗的系统。当电动车窗开关接通时，电动车窗的电动机启动并旋转，玻璃升降器（见图 6—1—2）将电动机的旋转运动转换为上下直线运动，驱动车窗打开或关闭。

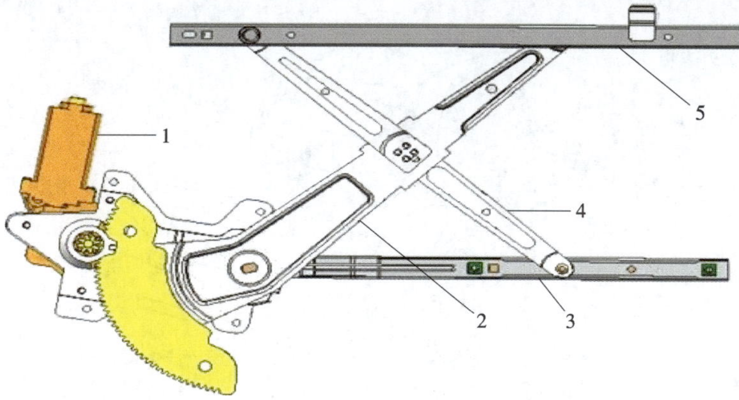

图 6—1—2　电动车窗玻璃升降器的结构

1—电动机　2—齿轮臂　3—导向板　4—从动臂　5—玻璃安装板

电动车窗系统主要由车窗、玻璃升降器、电动机、控制开关（主控开关、分控开关）、继电器等组成。其优点是操作简便，有利于行车安全。

1. 玻璃升降器

（1）作用

固定并支撑车窗玻璃。

（2）形式

玻璃升降器主要有两种形式。

1）齿扇式玻璃升降器。它用齿扇来实现换向，如图 6—1—3 所示。齿扇上连有螺旋弹簧。当车窗玻璃上升时，弹簧伸展放出能量，以减轻电动机负荷；当车窗玻璃下降时，弹簧压缩吸收能量，从而使车窗无论上升还是下降，电动机的负荷基本相同。

2）齿条式玻璃升降器。它使用柔性齿条和小齿轮实现换向，如图 6—1—4 所示。车窗玻璃连在齿条的一端，电动机带动轴端小齿轮转动，使齿条移动，以带动车窗玻璃升降。

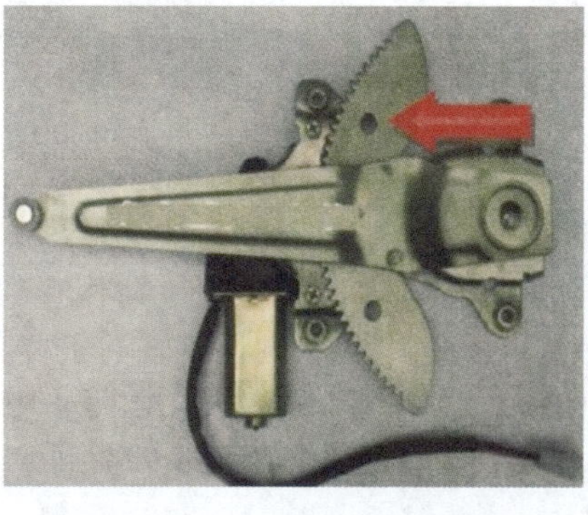

图 6—1—3　齿扇式玻璃升降器

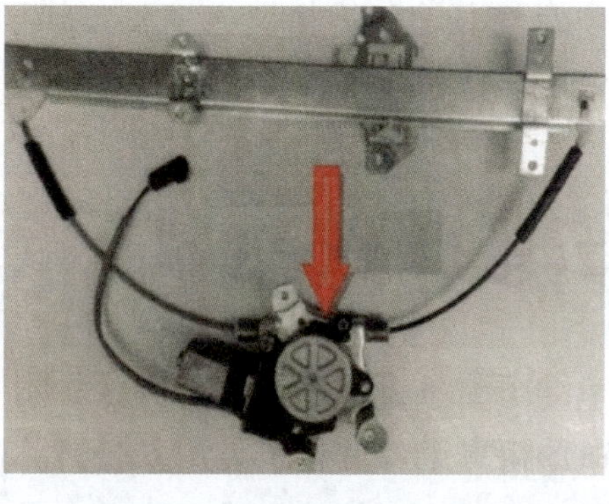

图 6—1—4　齿条式玻璃升降器

(3) 结构

目前常用的玻璃升降器有电动交叉臂式玻璃升降器、电动钢丝绳式玻璃升降器和电动齿轮式玻璃升降器等，其结构如图 6—1—5 所示。

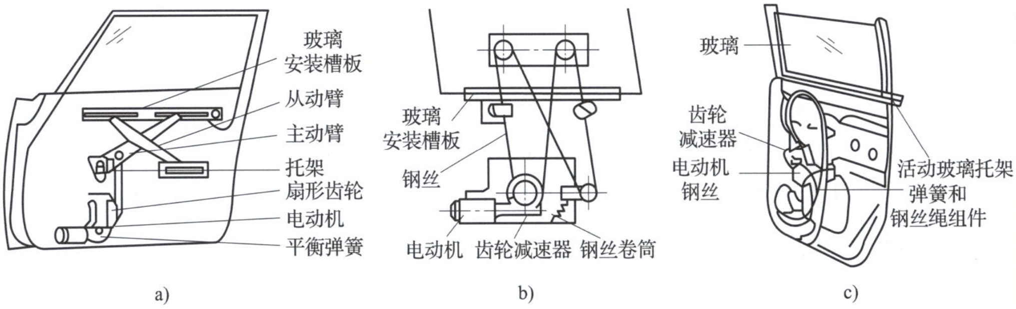

图 6—1—5　玻璃升降器的结构

a) 电动交叉臂式玻璃升降器　b) 电动钢丝绳式玻璃升降器　c) 电动齿轮式玻璃升降器

2. 电动机

电动车窗的升降由一个通过接地回路控制的电动机驱动。

(1) 作用

电动机带动车窗玻璃升起或降下，传递玻璃升降时所需的转矩。

(2) 分类

电动车窗的电动机是双向旋转的，可分为永磁式和双绕组串励式两种类型。

1) 永磁式直流电动机通过改变输入电枢绕组的电流方向使电动机以不同的方向旋转。

2) 双绕组串励式直流电动机有两个绕向相反的磁场绕组，一个称为上升绕组，另一个称为下降绕组，通电后产生相反方向的磁场，即可改变电动机的旋转方向。一般使用双绕组串励（双绕组串联）式电动机，如图 6—1—6 所示。

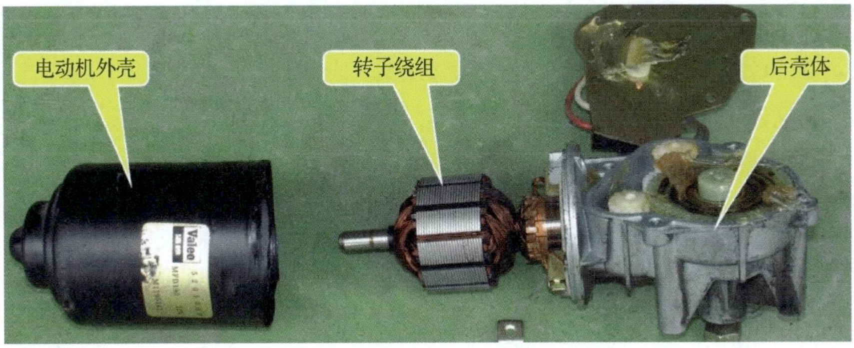

图 6—1—6　双绕组串励式直流电动机

（3）断路保护器

为防止电路过载，电动车窗电路有一个或多个热敏开关，以免电动机因超载而烧坏。热敏开关为双金属结构，当电动机电路电流过大时，双金属片受热产生弯曲变形，使触点打开，切断电路；当电路断开后，双金属片冷却，变形消失，触点再次闭合。如此重复开闭，使电动机的平均电流不超过规定值，从而确保电动机不致过载烧坏。有的车上还设有一个延时开关，可在点火开关断开后约 10 min 内或车门打开以前，使电动车窗仍接通电源，驾驶员或乘客仍可操纵控制开关来关闭车窗。

3. 控制开关

（1）作用

主要用来控制车窗玻璃的升降。

（2）安装位置

一般安装在车门扶手上。

（3）分类

电动车窗都有两套控制装置。

1）总开关。它可以控制各个车门玻璃的升降，还可以关闭全车的玻璃升降机构，如图 6—1—7 所示。

2）分开关。它分别装在每个车窗中部，可由乘客操纵身边车窗的升降，向上按玻璃上升，向下按玻璃下降，如图 6—1—8 所示。

图 6—1—7　电动车窗控制开关（总开关）

图 6—1—8　分开关

总开关和分开关互不干涉，均可独立控制。

4. 继电器

（1）车窗自动继电器

车窗自动继电器可以保证驾驶侧车窗自动保持接通约 300 ms 的时间，将玻璃升降到底。

（2）车窗延时继电器

当点火开关切断时，车窗延时继电器自动延时 50 s，切断所有电动车窗的搭铁端。

三、电动车窗的基本控制电路

不同汽车所采用的电动车窗的控制电路不同，按电动机是否直接搭铁，可以分为电动机不搭铁和电动机搭铁两种。

1. 电动机不搭铁的控制电路（永磁式电动机电动车窗的控制电路）

电动机不搭铁的控制电路是指电动机不直接搭铁。电动机的搭铁受开关控制，通过改变电动机的电流方向来改变电动机的转向，即采用永磁式电动机，从而实现车窗的升降。永磁式电动机电动车窗控制电路如图 6—1—9 所示，图 6—1—9a 所示为下降动作电路图，图 6—1—9b 所示为上升动作电路图。电路的控制功能及工作方式如下。

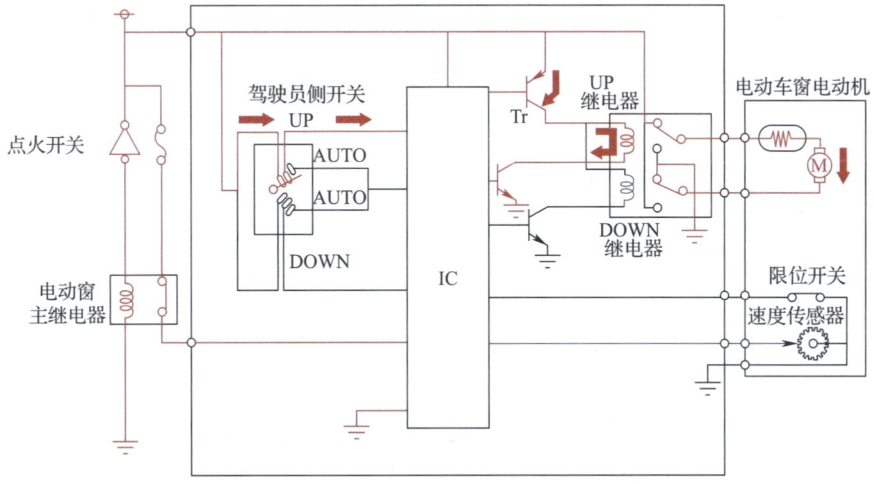

a）

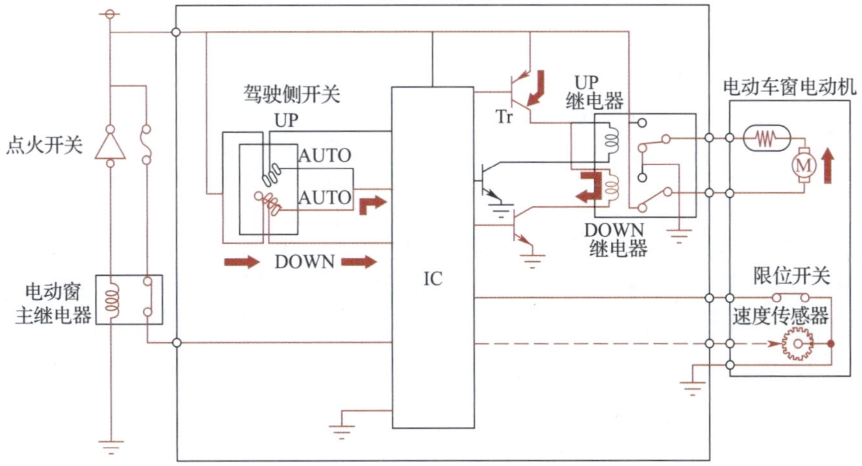

b）

图 6—1—9　电动机不搭铁的控制电路

a）永磁式电动机电动车窗自动控制电路图及下降动作　b）永磁式电动机电动车窗自动控制电路图及上升动作

（1）接通点火开关后，电动车窗继电器线圈通电，其触点闭合，接通电动车窗控制电路的电源，电动车窗可随时工作。

（2）主开关安装于驾驶员侧车门处或仪表盘处。主开关包括控制 4 个车窗玻璃升降的电动车窗开关和车窗锁止开关。车窗锁止开关在接通状态时，各车窗升降控制开关均可操纵车窗玻璃的升降；车窗锁止开关断开时，只有驾驶员侧开关可进行操作。

（3）各车窗电动机电路都装有热敏开关，当车窗完全关闭、完全打开，或者由于车窗玻璃上结冰、卡滞等引起车窗玻璃无法移动时，电路的电流会增大，使热敏开关变热而自动打开，以防电路过载。

2. 电动机搭铁的控制电路（励磁式电动机电动车窗的控制电路）

电动机搭铁的控制电路是指电动机一端直接搭铁，而电动机有两组磁场绕组，通过接通不同的磁场绕组，使电动机的转向不同，即采用双绕组串励式电动机实现车窗的升降。双绕组串励式电动机电动车窗控制电路如图 6—1—10 所示。

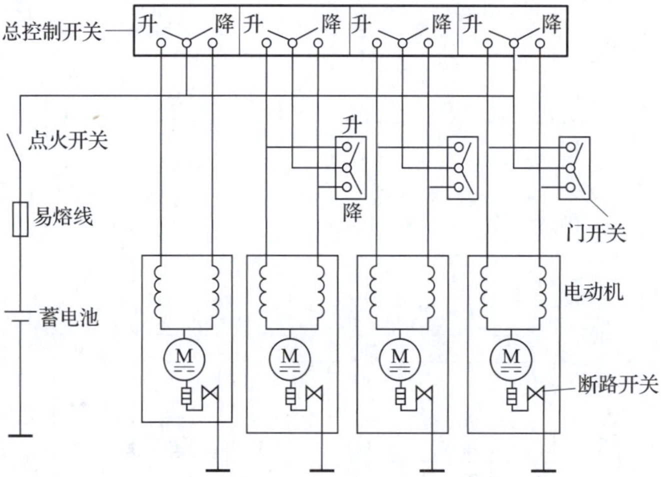

图 6—1—10　双绕组串励式电动机电动车窗控制电路图

起亚 K3 电动门窗电路图如图 6—1—11 所示。

四、电动车窗的工作原理

电动车窗的工作原理是：在每个车门内设置一个可变换运转方向的直流串励电动机，通过转换开关使电动机运转，经安装在电动机主轴上的涡轮减速后，通过转筒和钢丝使玻璃平行地上下滑动。其上端和下端分别设有挡块，用张紧筒和弹簧保持钢丝有一定拉力，使机构正常运行。除钢丝式玻璃升降装置外，还有杠杆操纵式玻璃升降装置，如图 6—1—12 所示。

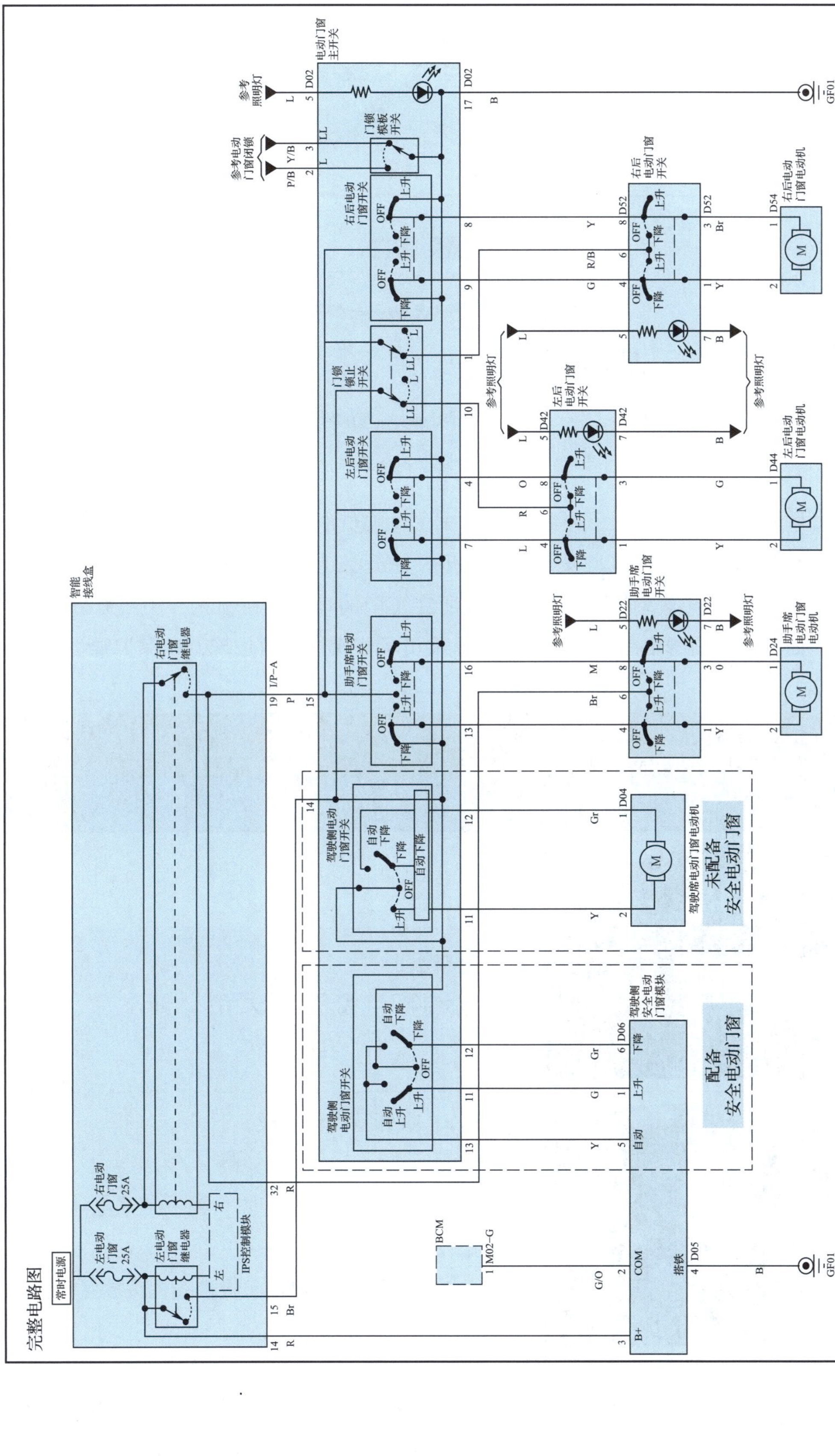

图 6—1—11　起亚 K3 电动门窗电路图

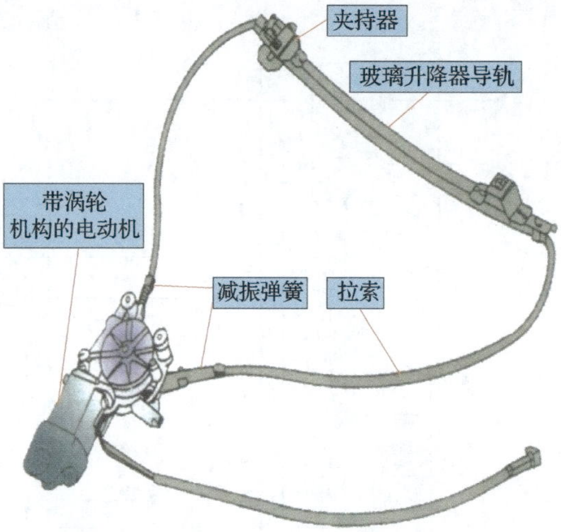

图 6—1—12　杠杆操纵式玻璃升降装置

每扇车门上均装有一个控制开关，并在驾驶员所在的车门上装有总开关。总开关一般安装在驾驶员容易操作的位置上。总开关上设计有一个锁止开关，在锁止开关接通的情况下，各开关均能操纵所在车门的玻璃；在锁止开关断开的情况下，后面两扇车门的电路被切断，使后座乘员不能操纵车窗玻璃，以保护乘员的安全。

任务实施

驾驶员侧电动车窗的拆装

	1．打开点火开关。 提示： ◆ 降下车窗之后，关闭点火开关。
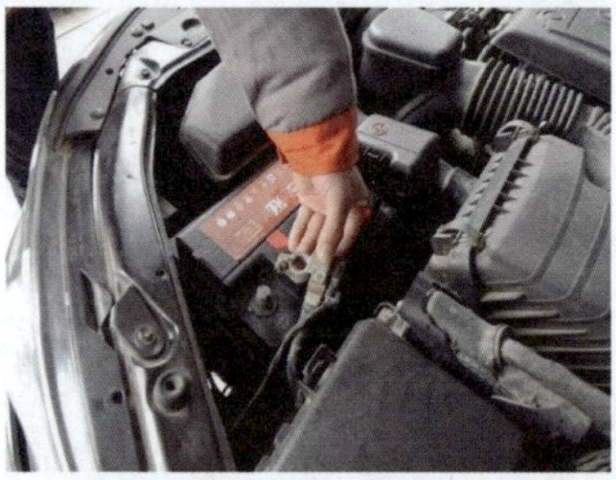	2．拆卸蓄电池负极。 提示： ◆ 在拆卸过程中，防止扳手与蓄电池正极接触发生短路。 ◆ 拆卸后将蓄电池负极接线桩头放置妥当，防止桩头与负极接触。

	3．打开车门。 提示： ◆ 检查车门内板是否连接正常。
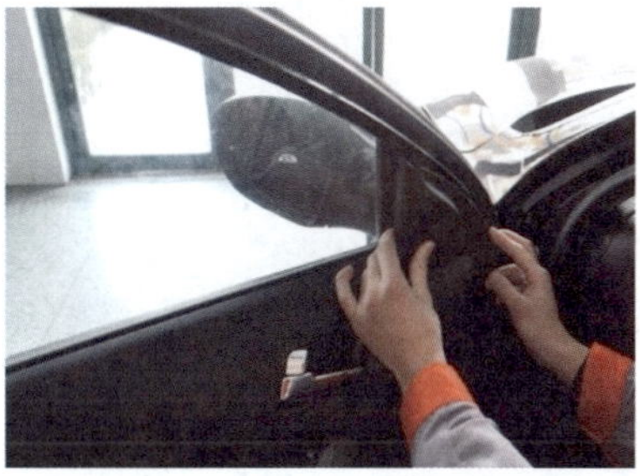	4．拆卸左前车门后围内盖。 提示： ◆ 用力要均匀。
	5．拆卸车门内手柄盖。 提示： ◆ 在开口处用旋具轻轻撬开。
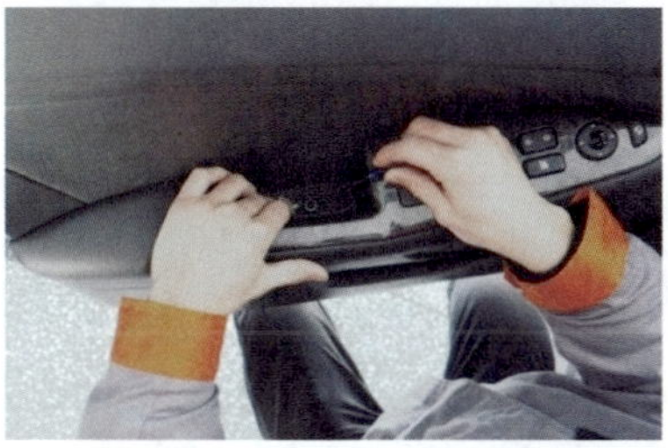	6．拆卸车门扶手装饰条。 提示： ◆ 在开口处用旋具轻轻撬开。
	7．拆卸车门装饰条紧固件和螺钉。 提示： ◆ 用十字旋具拆卸。

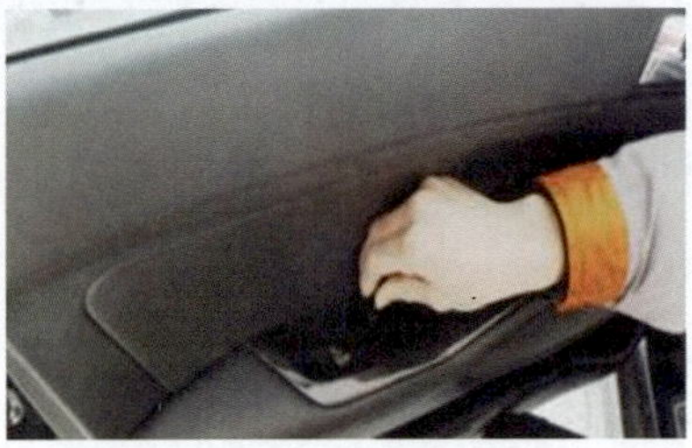	8．拆卸车门装饰条。 提示： ◆ 用十字旋具拆卸。
	9．分离车门装饰条连接器。 提示： ◆ 用力要均匀，先拆下边，后拆两边。
	10．拆卸车门遮板，要小心剥离，以便重复使用。 提示： ◆ 整体向上用力。
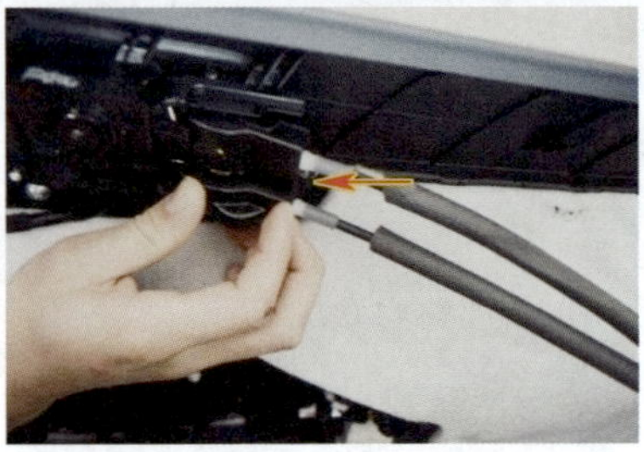	11．拆卸门锁控制连接拉绳。 提示： ◆ 有保险扣，注意解锁。
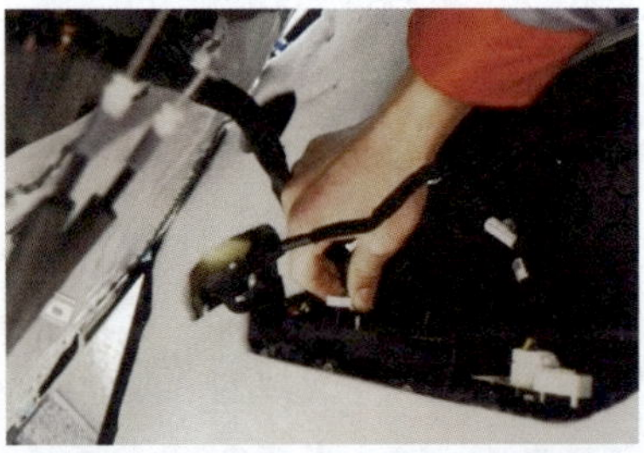	12．拔下电动车窗开关连接器。 提示： ◆ 有保险扣，注意解锁。

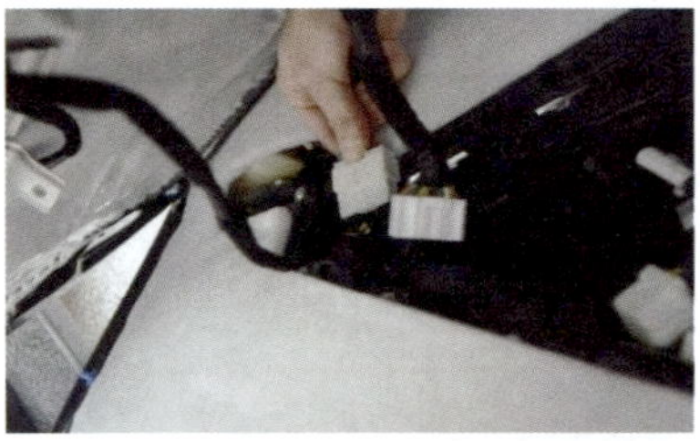	13．拔下连接电动车窗开关的总连接器。 提示： ◆ 有保险扣，注意解锁。
	14．取下车门内板。 提示： ◆ 不要正面向下，以免划伤。
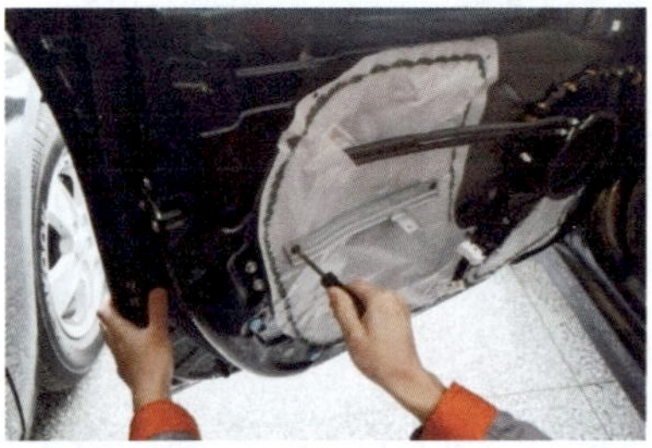	15．拆卸车门内拉手和支持条。 提示： ◆ 应使用十字旋具拆卸。
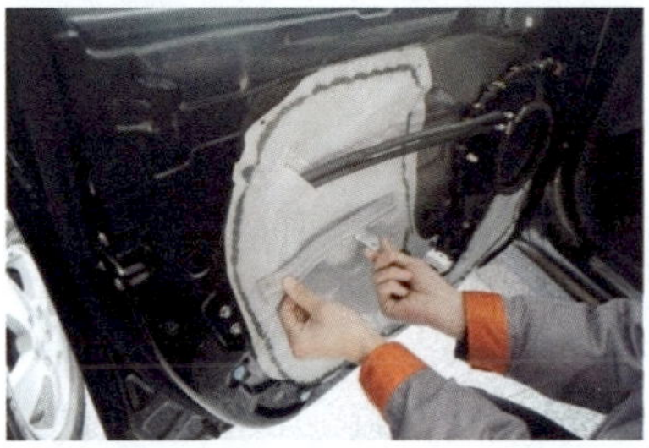	16．取下车门内拉手和支持条。
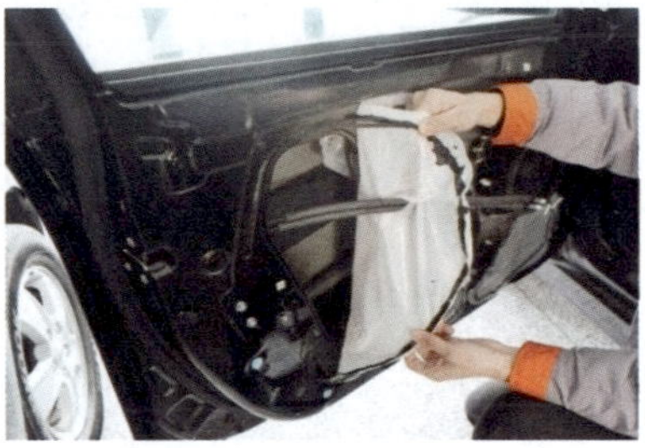	17．拆卸车门上遮板，要小心剥离，以便重复使用。 提示： ◆ 用力要均匀。

	18．拆卸车门下遮板，要小心剥离，以便重复使用。 提示： ◆ 用力要均匀。
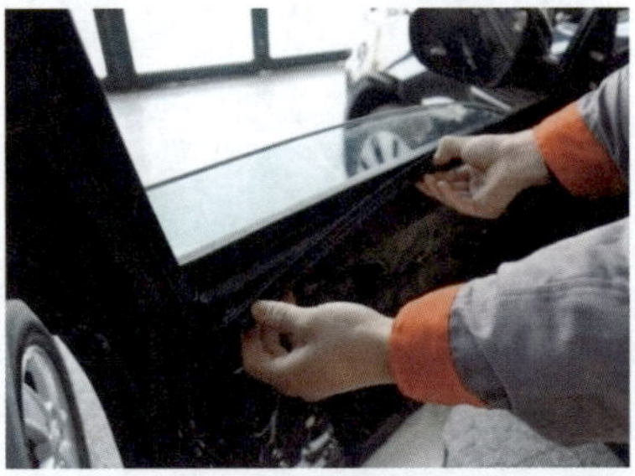	19．取下车门玻璃内压条。 提示： ◆ 检查内压条有无裂纹。
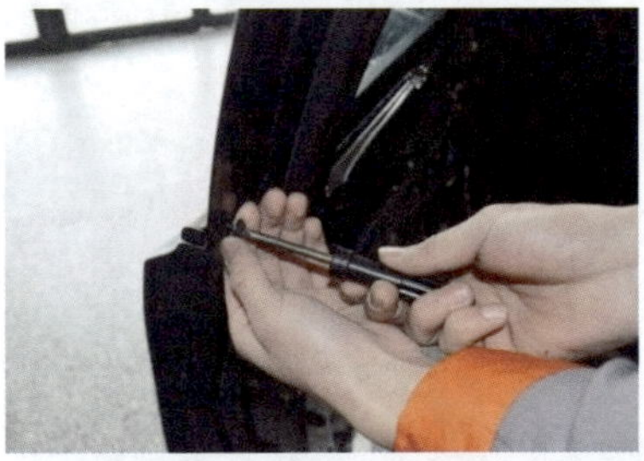	20．拆卸车门玻璃外压条的 1 个固定螺栓。 提示： ◆ 应使用十字旋具拆卸。
	21．取下车门玻璃外压条。 提示： ◆ 用力不可过大，以免变形。
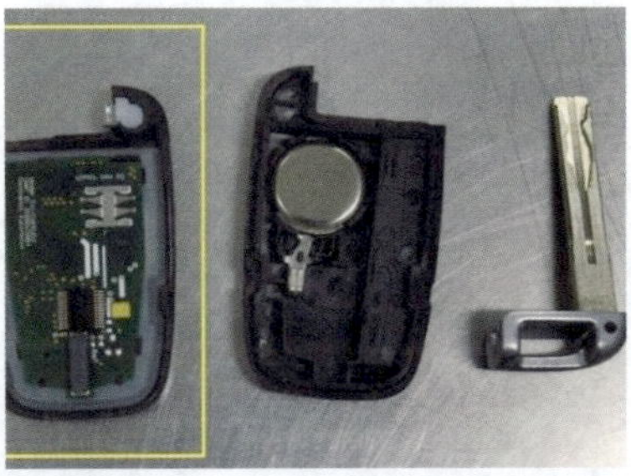	22．拔下喇叭连接线束。 提示： ◆ 有保险扣，注意解锁。

	23．拆卸喇叭的 4 个固定螺栓。 提示： ◆ 应使用十字旋具拆卸。
	24．取下喇叭。 提示： ◆ 注意方向，喇叭正面不可向下。
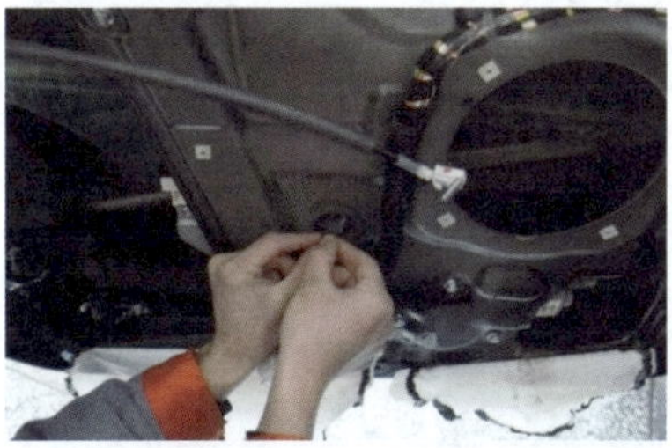	25．取下车门中间遮板，要小心剥离，以便重复使用。 提示： ◆ 用力要均匀。
	26．检查玻璃固定螺栓是否对准位置。
	27．拆卸车门玻璃的 2 个固定螺栓。

	提示： ◆ 使用 10 mm 套筒拆卸。
	28．取下电动车窗玻璃。 提示： ◆ 取下玻璃时，应将玻璃向上提。
	29．拔下玻璃升降器连接插接器。 提示： ◆ 有保险扣，注意解锁。
	30．拆卸车门导轨的 7 个固定螺栓。 提示： ◆ 应使用 10 mm 套筒拆卸，力矩为 10 N · m。
	31．取出车门导轨总成。

<table>
<tr><td>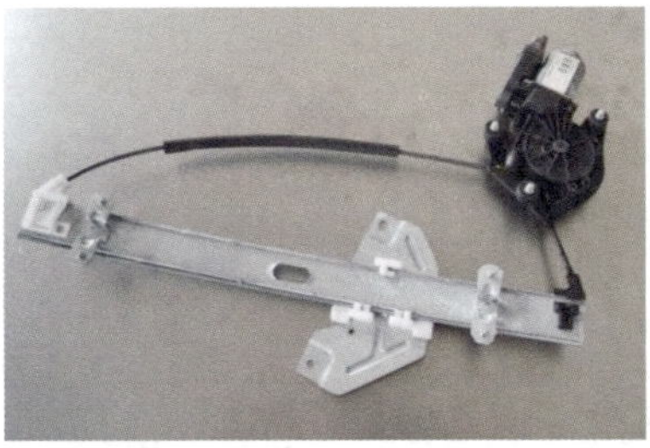</td><td>32．如检查发现故障，需更换车门玻璃导轨升降器总成。</td></tr>
<tr><td colspan="2">◆ 按与拆卸步骤相反的顺序安装驾驶员侧电动车窗。</td></tr>
</table>

考评标准表——电动车窗的拆装

时间：20 min

序号	项目	分值	评分标准	评价结果
1	描述汽车电动车窗的作用	10	少说一项扣 2 分，扣完为止	
2	描述汽车电动车窗的组成	10	少说一项扣 2 分，扣完为止	
3	汽车电动车窗部件的认知	10	在实车上指出组成部件，少一项扣 2 分	
4	汽车电动车窗基本控制电路的认知（永磁式）	15	少说一项扣 2 分	
5	汽车电动车窗基本控制电路的认知（励磁式）	15	少说一项扣 2 分	
6	汽车电动车窗的拆装	40	在实车上按步骤操作，酌情扣分	
分数合计		100		

任务 2　电动车窗的检修

实训目标

1. 了解电动车窗的故障现象。
2. 了解电动车窗电路图的识读方法。
3. 能对电动车窗故障进行检修。

实训准备

1. 设备：整车、汽车电路台架、万用表。
2. 材料：汽车电动车窗系统电路图挂图。
3. 场地：汽车电气（一体化）实训室。

工作任务

某汽车送修，车主反映：按下驾驶员侧电动车窗控制开关，电动车窗不工作。维修人员根据故障现象对其进行检测。本任务要求了解电动车窗的主要故障现象和原因，掌握电动车窗电路的工作原理以及故障检测与排除方法。

知识储备

一、电动车窗的故障现象

电动车窗的故障现象主要有以下几种：

1. 某个车窗单方向运动

原因：分开关、分开关与总开关之间的控制线脱落，车窗升降器损坏等故障。

2. 某个车窗升降器不动作

原因：分开关、分开关电源线脱落，电动机连接线、电动机、升降器损坏等故障。

3. 所有车窗不动作

原因：组合开关电源或接地线脱落，继电器、熔断器或锁止开关损坏等故障。

4. 玻璃升降时有异响、发卡及阻力大等情况

原因：升降器内的钢丝等升降机构松旷，缺润滑油，升降滑槽内有异物等。

二、电动车窗电路图的识读

1. 电路工作原理分析

首先查看驾驶席门窗电动机，判断系统是否配备安全电动门窗，分别就两种类型电路图进行分析（见图 6—2—1）。

2. 配备安全电动门窗的电路图的识读（见图 6—2—2）

（1）所有 4 个车门内的安全电动门窗模块操作特性完全相同。

（2）为了检测开关的电压变化，安全电动门窗模块提供 12 V 电压（常高）到电动门窗开关的上升 / 下降开关上。

（3）要使电动门窗上升，提起门窗开关，安全电动门窗模块的 1 号端子经由电动门窗主开关连接到搭铁，所以安全电动门窗模块内 1 号端子电压从 12 V 降到 0 V。如果要使电动门窗下降，则安全电动门窗模块内的 6 号端子电压从 12 V 降到 0 V。

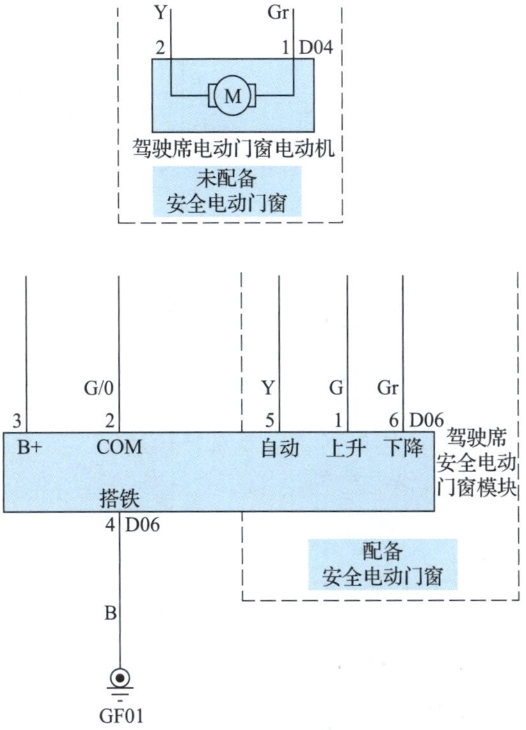

图 6—2—1　未配备及配备安全电动门窗的电路图

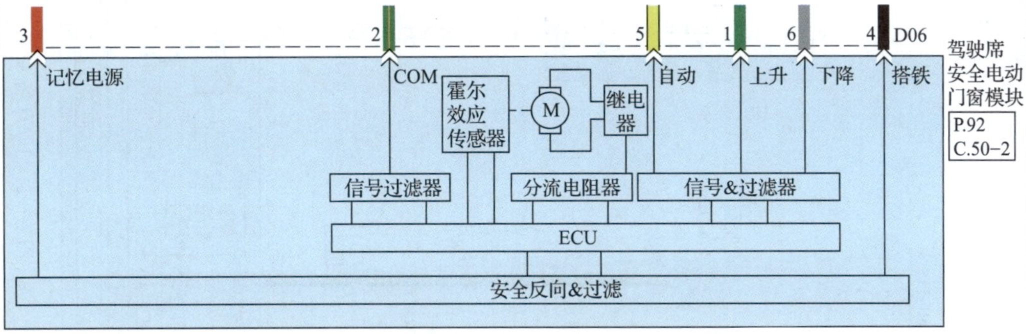

图 6—2—2　电动门窗电路图（部分，配备安全电动门窗）

（4）要使用自动上升功能使电动门窗上升，电动门窗主模块的搭铁连接安全电动门窗模块的 1 号端子和 5 号端子，1 号端子和 5 号端子电压从 12 V 降到 0 V。在门窗自动下降时，安全电动门窗模块的 6 号端子和 5 号端子电压从 12 V 降到 0 V（要操作电动门窗自动上升 / 下降功能，上升 / 下降开关和自动开关的信号必须输入到安全电动门窗模块的 ECU 内）。

（5）配备安全电动门窗的驾驶席侧电路图如图 6—2—3、图 6—2—4、图 6—2—5 所示。

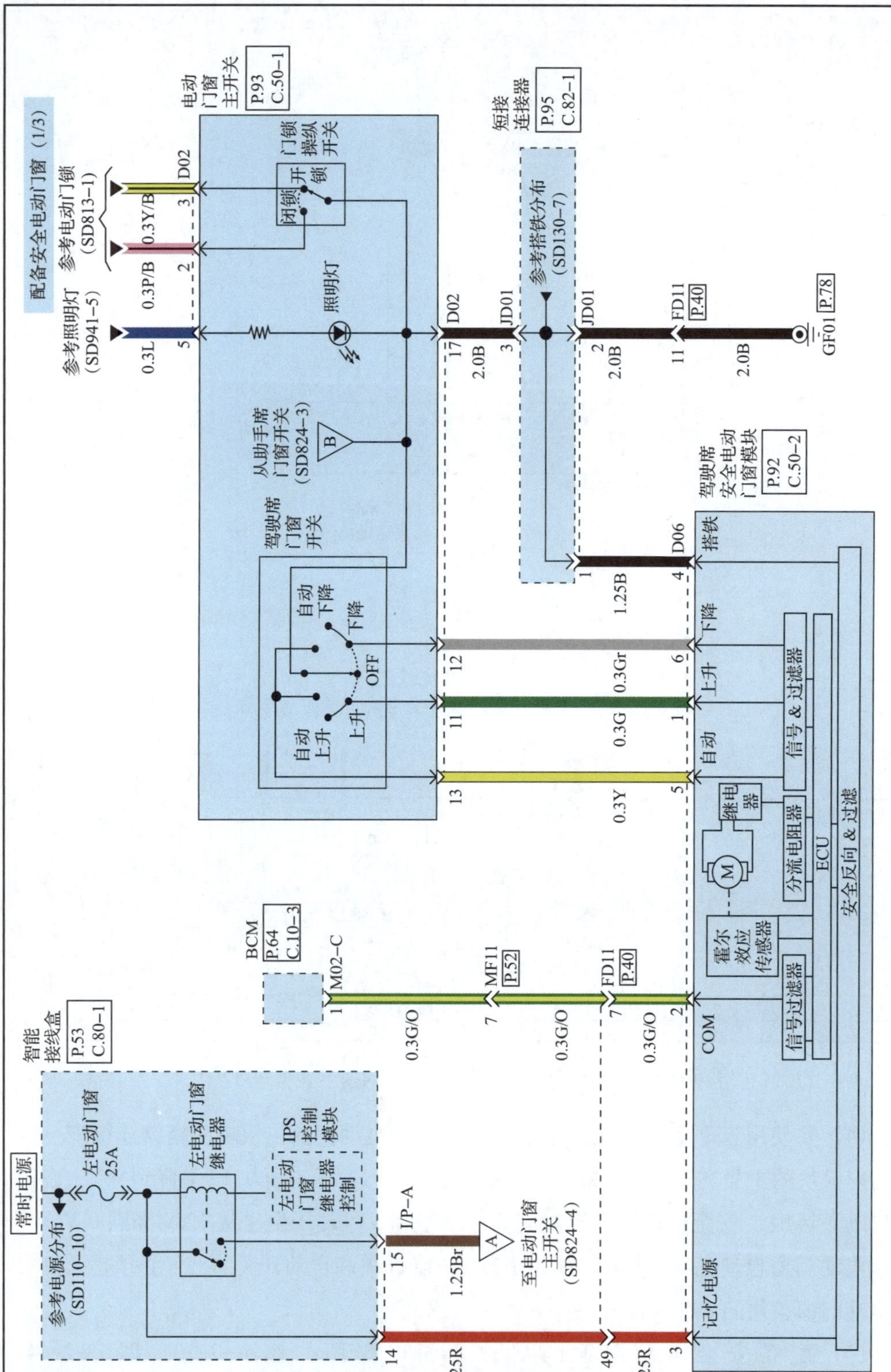

图 6—2—3　配备安全电动门窗的驾驶席侧电路图（1/3）

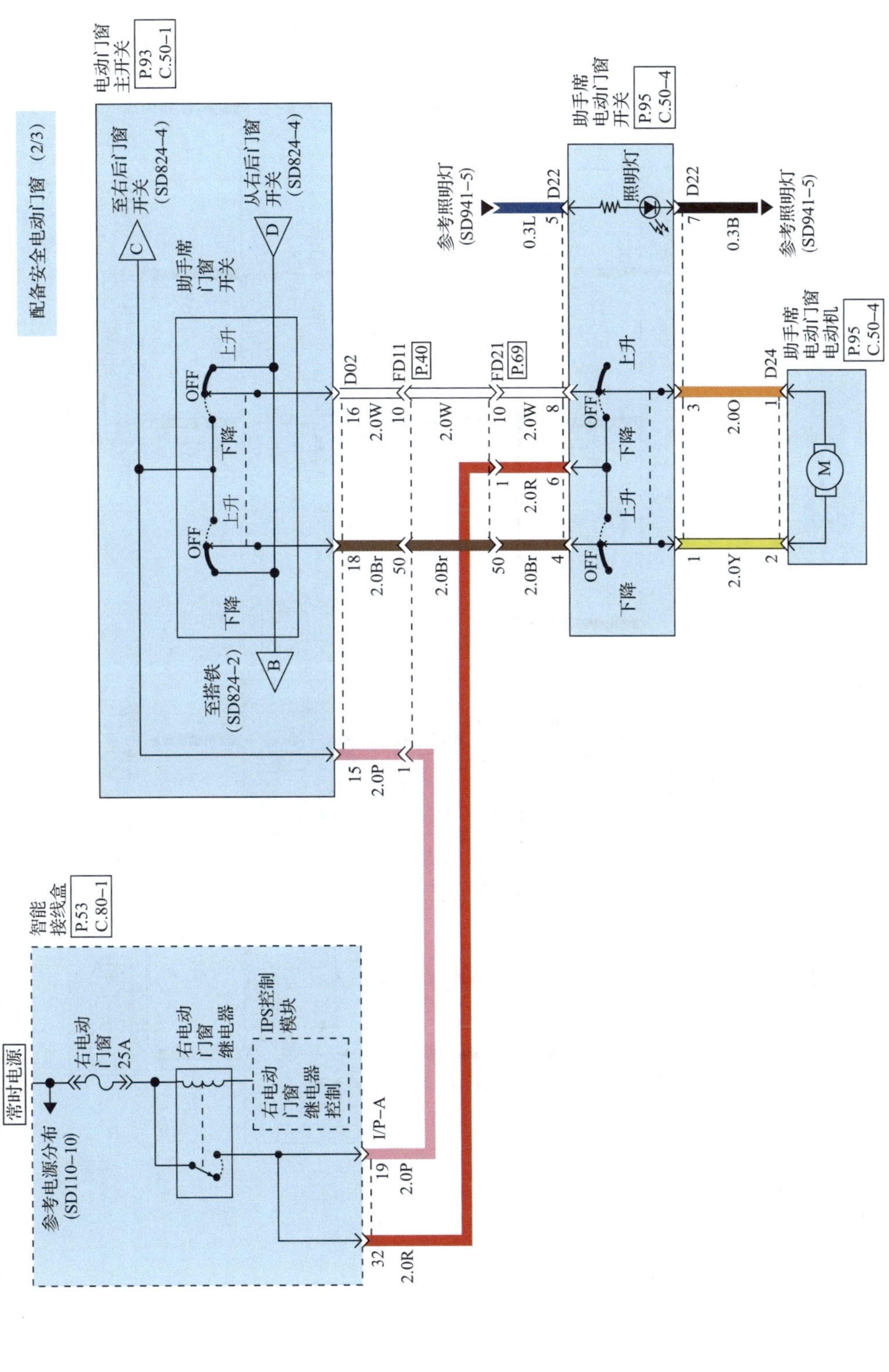

图 6—2—4　配备安全电动门窗的驾驶席侧电路图（2/3）

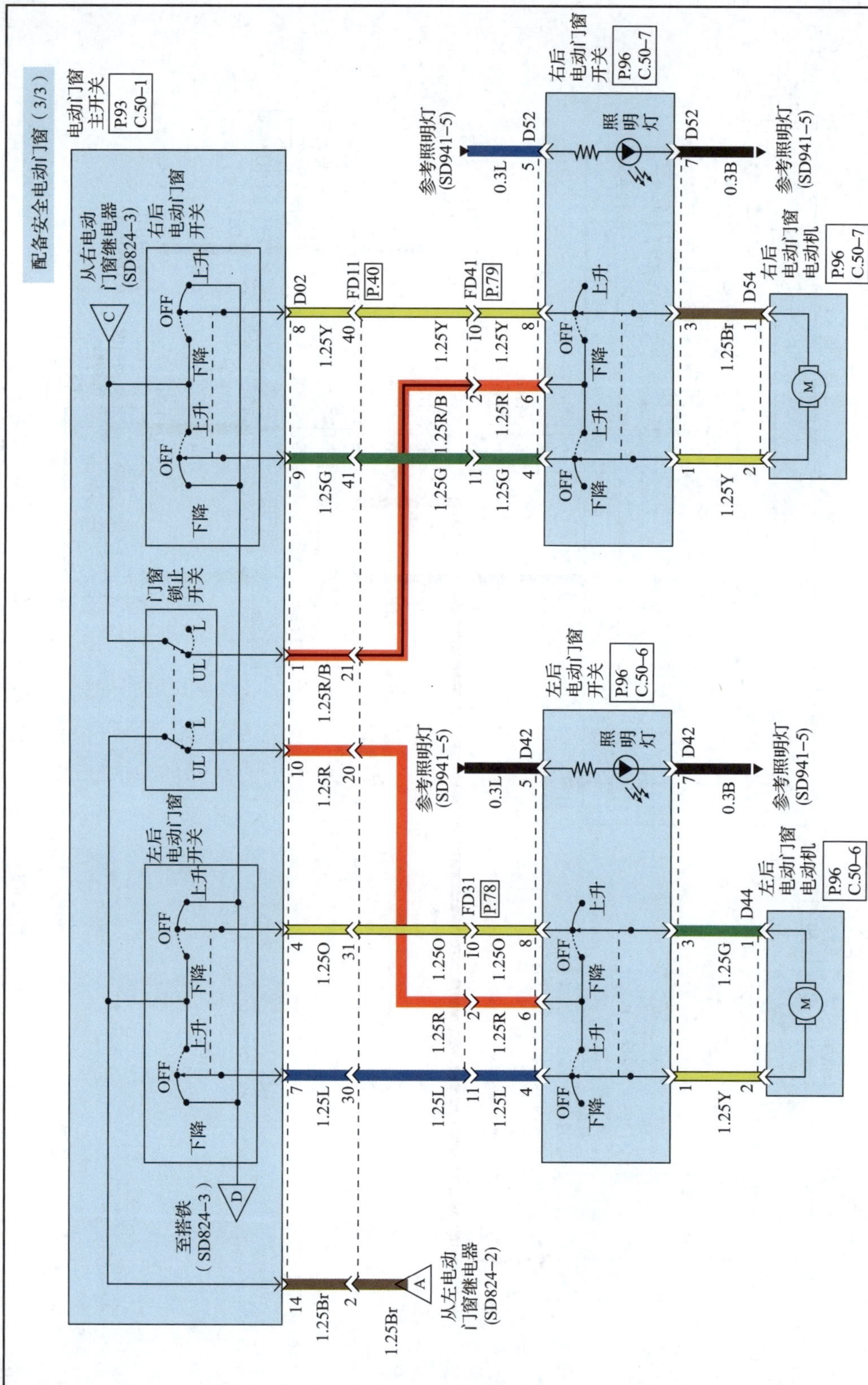

图6—2—5 配备安全电动门窗的驾驶席侧电路图（3/3）

由左电动车窗继电器触点开关输出的电流经过 FD11（2）插接器端子及 D02（14）端子连接到电动车窗主控开关，分别连接到后左电动车窗开关、门窗锁止开关，用来控制后左电动车窗电动机。

如图 6—2—5 所示，门窗主开关控制后左车窗电动机工作。

（1）分析 1：主开关控制后左电动机上升（将开关拨至上升挡）

电流由 D02（14）端子流到电动门窗主控开关中（后左电动门窗开关）→门窗开关上升挡→ D02（7）→ FD11（30）→ FD31（11）→分开关（后左电动门窗开关）→ D42（1）→ D44（2）→后左电动门窗电动机→ D44（1）→ D42（3）→分开关（后左电动门窗开关）→ FD31（10）→ FD11（31）→ D02（4）→门窗开关 OFF 挡→门窗开关上升挡→ SD 824–2 至搭铁。

（2）分析 2：主开关控制后左电动机下降（将开关拨至下降挡）

电流由 D02（14）端子流到电动门窗主控开关中（后左电动门窗开关）→门窗开关下降挡→ D02（4）→ FD11（31）→ FD31（10）→分开关（后左电动门窗开关）→ D42（3）→ D44（1）→后左电动门窗电动机→ D44（2）→ D42（1）→分开关（后左电动门窗开关）→ FD31（11）→ FD11（30）→ D02（7）→主门窗开关下降挡→ SD 824–2 至搭铁。

（3）分析 3：分开关控制后左电动机上升（将开关拨至上升挡）

电流由 D02（14）端子流到电动门窗主控开关中（门窗锁止开关）→门窗锁止开关 UL 挡→ D02（10）→ FD11（20）→ FD31（2）→分开关（后左电动门窗开关）→ D42（6）→分开关（后左电动门窗开关上升挡）→ D42（1）→ D44（2）→后左电动门窗电动机→ D44（1）→ D42（3）→分开关（后左电动门窗开关上升挡）→ D42（8）→ FD31（10）→ FD11（31）→ D02（4）→主门窗开关 OFF 挡→ SD 824–2 至搭铁。

（4）分析 4：分开关控制后左电动机下降（将开关拨至下降挡）

电流由 D02（14）端子流到电动门窗主控开关中（门窗锁止开关）→门窗锁止开关 UL 挡→ D02（10）→ FD11（20）→ FD31（2）→分开关（后左电动门窗开关）→ D42（6）→分开关（后左电动门窗开关下降挡）→ D42（3）→ D44（1）→后左电动门窗电动机→ D44（2）→ D42（1）→分开关（后左电动门窗开关下降挡）→ D42（4）→ FD31（11）→ FD11（30）→ D02（7）→主门窗开关 OFF 挡→ SD 824–2 至搭铁。

3. 未配备安全电动门窗的电路图的识读

未配备安全电动门窗的驾驶席侧电路图如图 6—2—6 所示，电路分析方法同上，不再赘述。

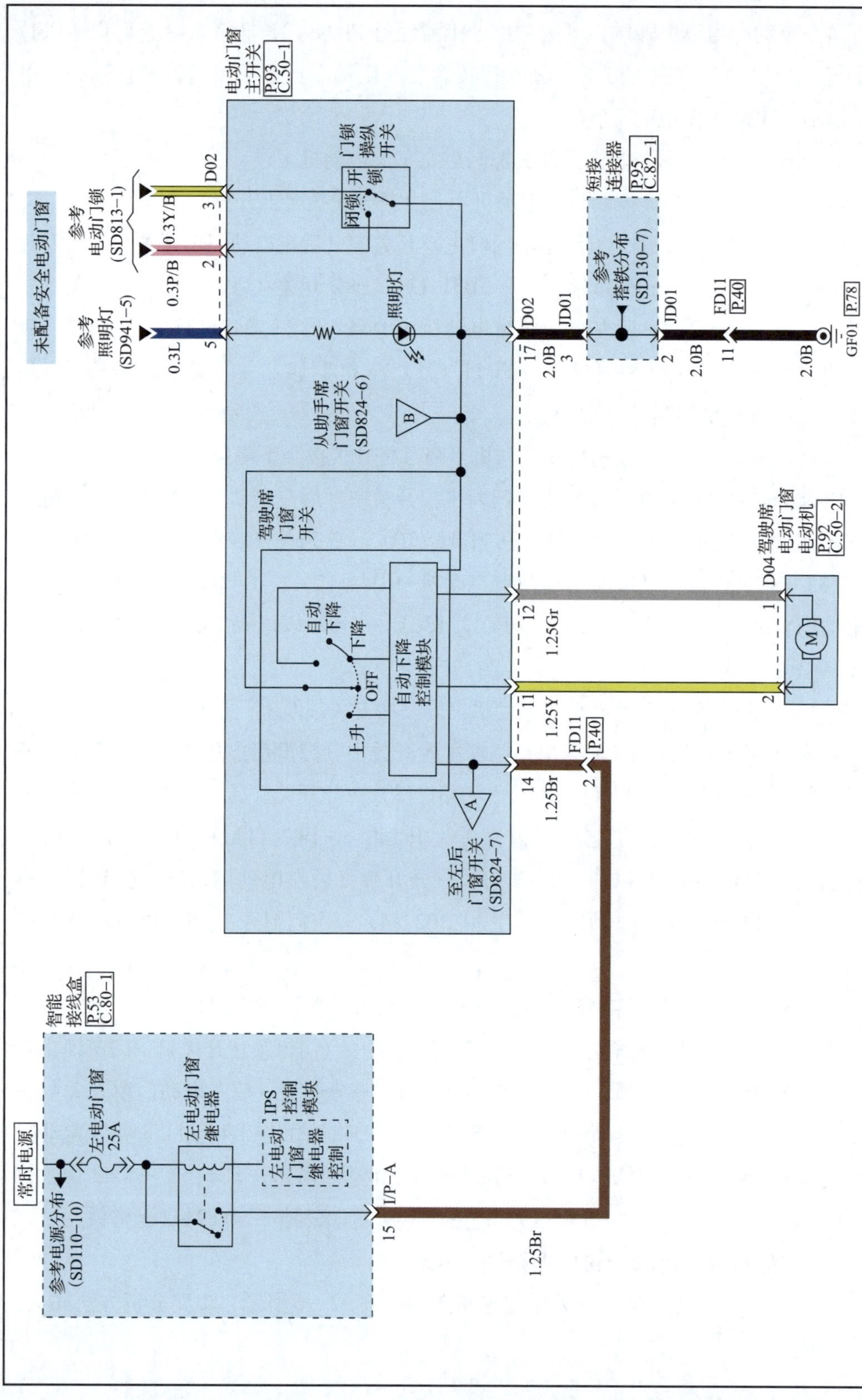

图 6—2—6　未配备安全电动门窗的驾驶席侧电路图

三、电动车窗故障的检修方法

1. 供油保养

电动车窗机械装置位于车门内部，需要将内饰板取下。固定内饰板的螺钉隐蔽在车门把手的凹部内侧。使用齿轮、钢索的升降装置以臂支点和滑块部分为加油中心。内盖下面盖有防水用塑料，修理后应将其恢复原状。

2. 清洁玻璃

玻璃污损后与橡胶带的摩擦增大，也会影响玻璃升降，因此玻璃须保持干净。

3. 常见故障快速检修方法（见表 6—2—1）

表 6—2—1　　电动车窗常见故障、原因及检修方法

故障现象	故障原因	检修方法
电动车窗不工作	• 控制开关损坏 • 熔丝断开 • 保护器损坏 • 线路断路，接触不良 • 直流电动机损坏 • 传动装置脱开	• 检修控制开关 • 检查、更换同标准的熔丝 • 用短接法检查双金属片的工作情况 • 用仪表检查、连接线路 • 检修直流电动机 • 检查、更新连接传动装置的部件
电动车窗有异响	• 传动机构调整不当 • 卷丝筒内钢丝绳脱槽 • 电动机盖板或固定架与车窗玻璃碰擦	• 检查、调整各部件的连接情况 • 检查、调整钢丝绳的位置 • 检查安装支架弧度是否正确
电动车窗发卡、阻滞	• 导轨凹部有异物 • 导轨变形 • 直流电动机故障 • 钢丝绳生锈磨损	• 排除异物 • 恢复原有形状 • 检修直流电动机 • 更换钢丝绳

任务实施

一、驾驶员侧电动车窗不工作故障的检修

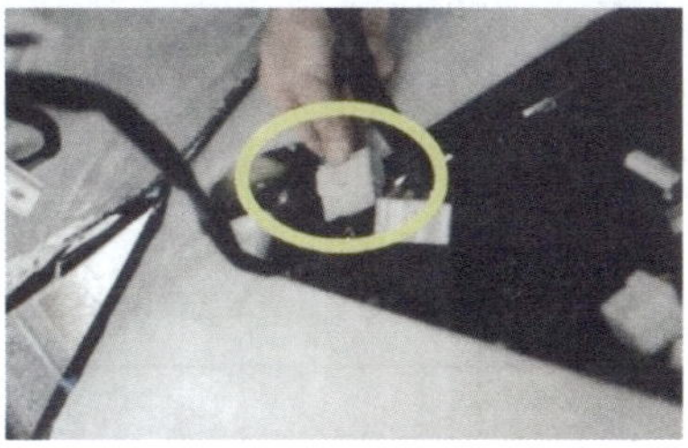

1．按照任务 1 任务实施中的拆卸步骤，拔下连接电动车窗开关的总连接器，取下车门内板。

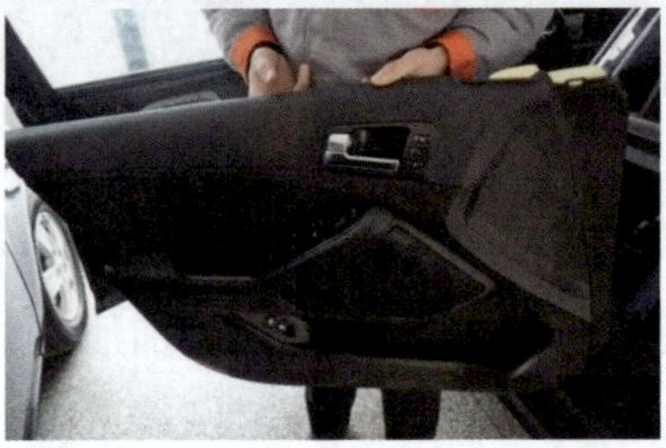

提示：

◆ 严格遵守电动车窗拆卸注意事项。

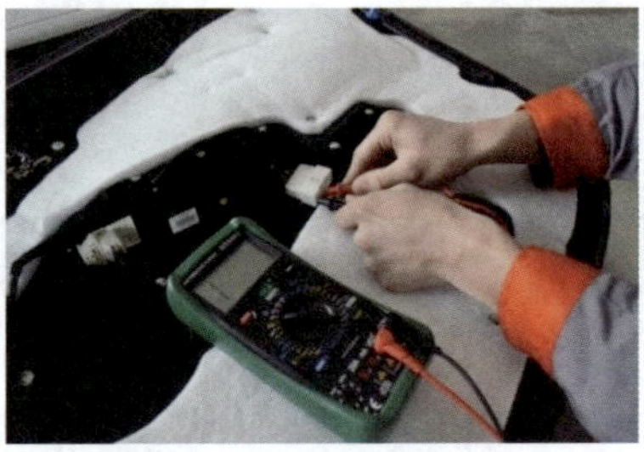

2．测量玻璃升降器开关电阻。

提示：

◆ 升降器开关插头上共有 7 根电线，1 号为 LIN4 数据线，2 号为门锁位置信号线，3 号为搭铁线，4 号为空位，5 号为搭铁线，6 号、7 号为升降器电动机线，8 号为蓄电池电源线。

◆ 按照电路图对故障车的线路进行测量，3 号、5 号搭铁线对地电阻为 0.6 Ω，8 号有 12 V 的电压，1 号对地电阻为无穷大，线路无对地短路现象。

3．检查安全电动门窗电动机。

提示：

◆ 在电动机连接器的 1（6）号和 4 号端子上分别连接蓄电池正极（+）和负极（-），检查电动机运转是否顺畅。如果运转异常，应更换电动机。

位置 \ 端子		1	4（搭铁）	6
前 / 后	上升	○—	—○	
	下降		○—	—○

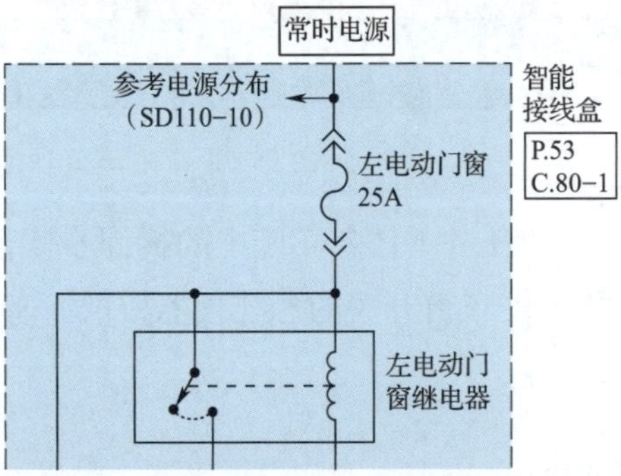

4．将常时电源输出电流接智能接线盒，测量左电动门窗熔丝 25 A。

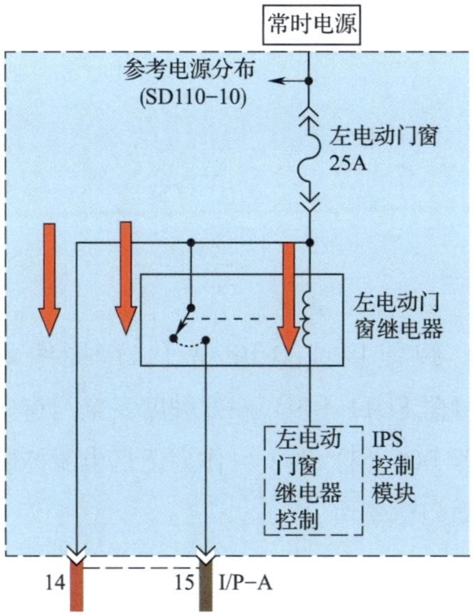

5．测量继电器。

电流分别连接左电动门窗继电器线圈、继电器触点开关、智能接线盒 I/P-A（14）接线端子，其中线圈输出应连接到 IPS 控制模块（由左电动门窗继电器控制）。

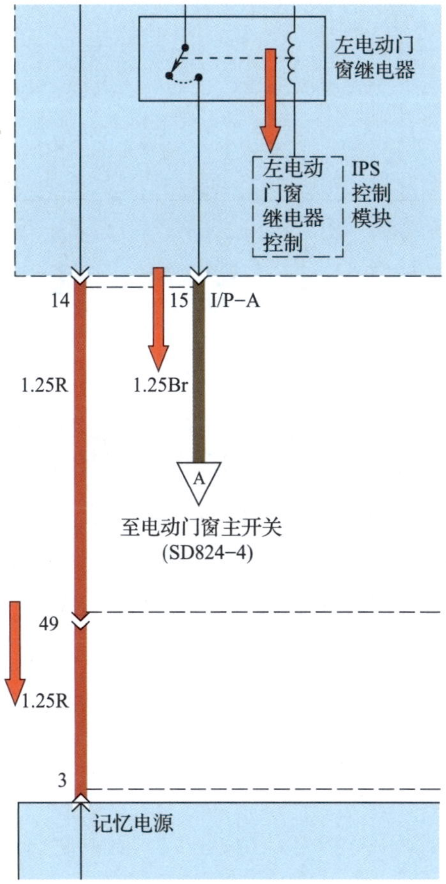

6．测量继电器。

将左电动门窗继电器线圈端输出连接到 IPS 控制模块（由左电动门窗继电器控制），由 IPS 控制模块控制线圈通断电，当 IPS 控制模块得到控制信号后，线圈接地得电，吸合控制触点开关闭合，从而保证电动门窗主开关得电。

（1）继电器触点开关端→智能接线盒 I/P-A（15）端子→电动门窗主开关（SD824-4）。

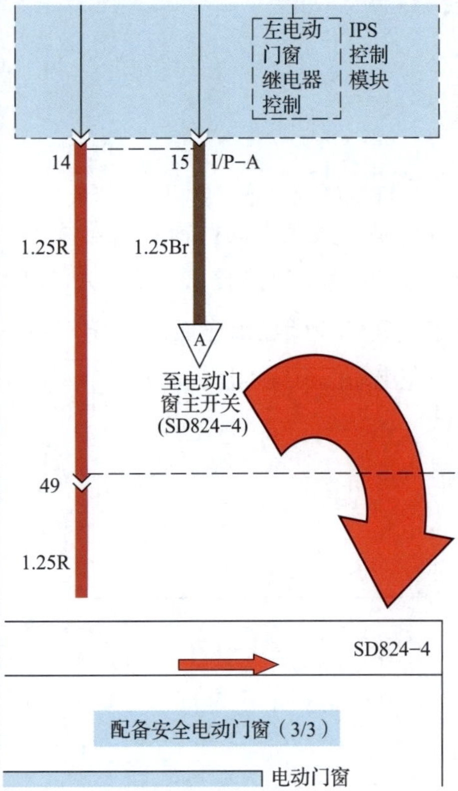

（2）智能接线盒I/P-A（14）接线端子→插接器FD11（49）→驾驶席安全门窗模块插接器D06（3）端子，作为记忆电源控制安全电动门窗模块。

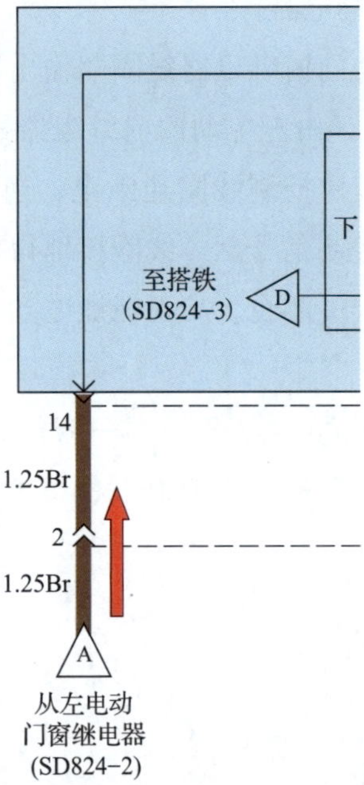

（3）连接至电动车窗主开关，根据电路图连接编号查找电路图定位编号。

（4）由左电动门窗继电器输出经过FD11（2）插接器端子及D02（14）端子连接到电动门窗主控开关。

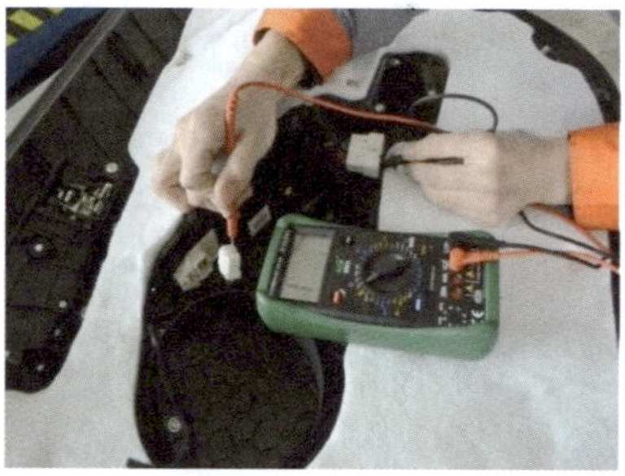	7．测量车门内板控制开关线束匝间电路电阻。 提示： ◆ 正常电阻值应不大于 1 Ω。
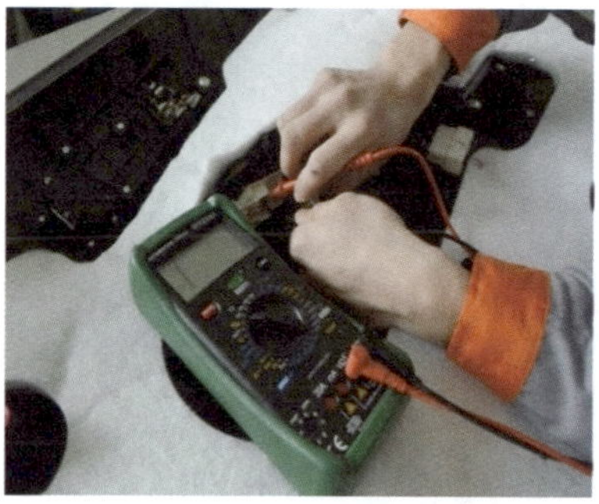	8．测量车门玻璃总控制开关。 提示： ◆ 测量开关端的 1 号脚对地电压为零，线路无对电源短路现象。测量 BCM 端 X2 的 21 号脚与开关端 1 号脚之间的电阻为 0.2 Ω，线路正常。1 号脚的 LIN4 数据线在拔出点火钥匙后有 11.86 V 的电压，打开点火开关时为 9.80 V。两前门 LIN3 数据线在打开点火开关后电压在 3.4 ~ 3.5 V 变化，关闭点火开关后有 3.8 V 的电压。
	9．通过测量，如果确认开关及线束正常，要进行下一步检测。
	10．参照本课题任务 1 中的拆卸步骤，继续拆卸，直至取下车窗玻璃，拔下玻璃升降器连接插接器。

	提示： ◆ 严格遵守电动车窗拆卸注意事项。
	11．测量玻璃升降器控制电路电压。 提示： ◆ 打开点火开关后，电压在 11 ~ 12 V 变化；关闭点火开关后，有 3.8 V 的电压。 12．测量玻璃升降器控制电路电阻。 提示： ◆ 电阻值应小于 1 Ω。
 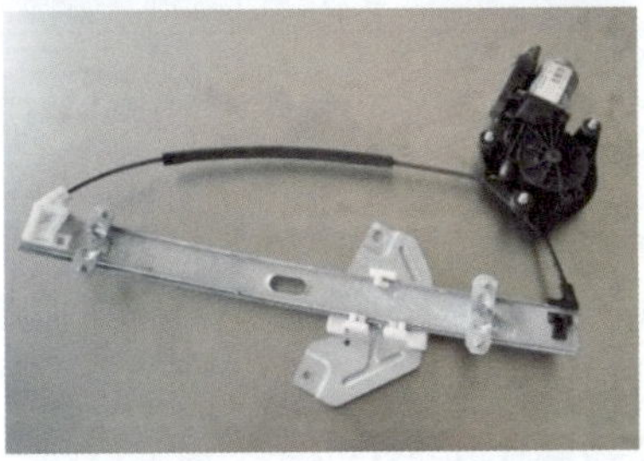	13．经过测量，确认电路正常后，继续按照任务 1 任务实施中的拆卸步骤，取出车门导轨总成。

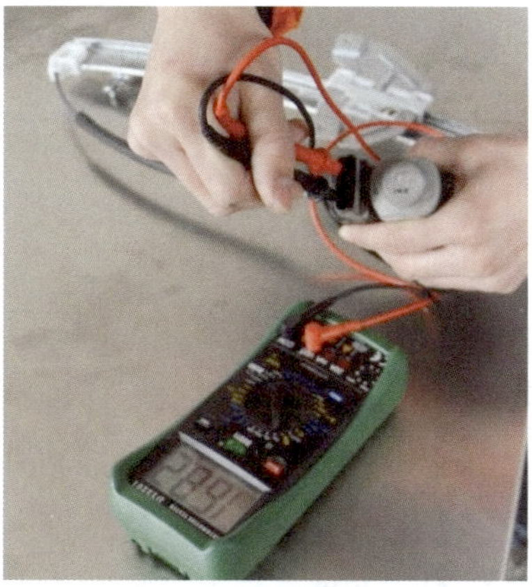	14．测量玻璃升降器正向线圈电阻。 提示： ◆ 3 号、5 号线电阻值为 0.3 ～ 0.8 Ω。
	15．测量玻璃升降器反向线圈电阻。 提示： ◆ 3 号、6 号线电阻为 0.3 ～ 0.8 Ω。
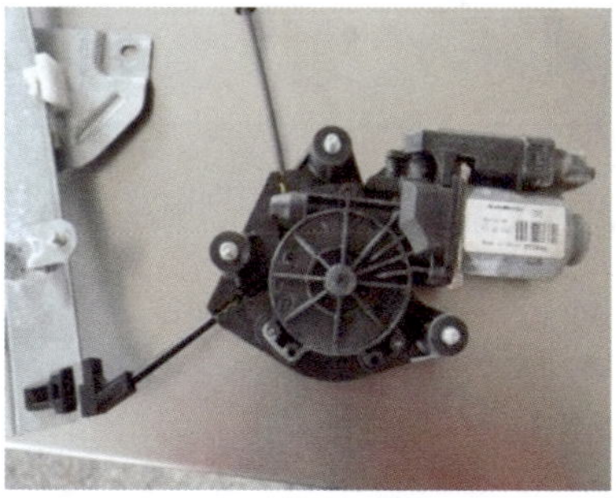	16．通过测量发现升降电动机线圈损坏。 提示： ◆ 损坏的原因是电动机进水导致线圈绝缘性下降。

<table>
<tr>
<td>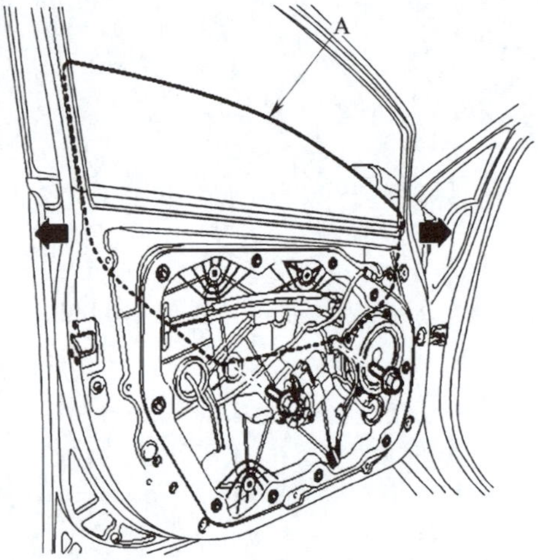
</td>
<td>17．玻璃的调整。
检查玻璃滑道是否损坏或老化，按需要进行更换。
（1）拆卸前车门装饰板。
（2）拆卸前门窗玻璃固定孔塞。
（3）小心移动前门窗玻璃（A），直到看见玻璃固定螺栓为止，并将螺栓拧下。
（4）上下移动玻璃查看是否能自由移动，无约束，必要时调整玻璃的位置。
（5）确认车门是否适当上锁和开启。
（6）更换损坏的夹子。</td>
</tr>
<tr>
<td></td>
<td>18．车门锁环的调整。
确认车门锁牢固且没有受到撞击。如有必要，应调整锁环：固定锁环螺母；上、下，内、外地调整好锁环。
（1）拧松螺钉，使锁环刚好可以移动。
规定力矩为 16.7~21.6 N·m（1.7~2.2 kgf·m）。
（2）用塑料锤敲击锁环进行调整。锁环不会移动太多，但会出现一些间隙。
（3）扶住车门外部把手，关闭车门，检查锁环是否平齐。
（4）如果车门正常锁住，拧紧螺钉并再次检查。</td>
</tr>
</table>

二、驾驶员侧电动车窗其他典型故障检修

1. 电动车窗异响故障的检修

（1）拆卸各部件。

（2）检查各部件连接是否出现松动，如有连接不良需要更换相关部件。

（3）检查钢丝绳的位置并做调整，如出现损坏需要更换。

（4）检查安装支架弧度是否正确，如出现损坏需要更换。

2. 电动车窗发卡、阻滞故障的检修 （1）拆卸各部件。 （2）检查导轨是否存在异物，如存在异物需及时清除。 （3）通过观察检查导轨是否变形，如存在变形，需恢复原有形状，恢复不良需更换导轨。 （4）检查直流电动机，如确认为直流电动机故障，需按前面所述步骤检修直流电动机。 （5）通过观察检查钢丝绳是否存在生锈、磨损现象，如存在需更换钢丝绳。
◆ 按与拆卸步骤相反的顺序进行安装。

考评标准表——电动车窗的检修

时间：40 min

序号	项目	分值	评分标准	评价结果
1	描述汽车电动车窗的故障现象	10	少说一项扣 2 分，扣完为止	
2	识读汽车电动门窗电路图	30	不正确，酌情扣分	
3	描述电动车窗故障的检修内容	10	少说一项扣 2 分，扣完为止	
4	汽车电动车窗的检修	20	在实车上按步骤操作，少一项扣 2 分	
5	汽车电动车窗的调整	20	在实车上按步骤操作，少一项扣 2 分	
6	汽车电动车窗系统的安装	10	在实车上按步骤操作，少一项扣 2 分	
分数合计		100		

课题七

电动座椅检测与维修

任务1　电动座椅的拆装

实训目标

1. 了解电动座椅的类型。
2. 了解电动座椅的结构与技术参数。
3. 能够拆装电动座椅。

实训准备

1. 设备：整车、汽车电路台架、世达专用工具。
2. 材料：汽车电动座椅系统元件位置图、维修手册。
3. 场地：汽车电气（一体化）实训室。

工作任务

电动座椅以电动机为动力，通过传动装置和执行机构来调节座椅的各种位置，为驾驶员提供便于操作、舒适而又安全的驾驶位置；为乘客提供不易疲劳、舒适而又安全的乘坐位置。本任务要求学生认识电动座椅的组成及类型，并且能够拆装电动座椅。

知识储备

一、电动座椅的类型

1. 根据使用电动机的数量分类

根据使用电动机的数量，电动座椅可分为单电动机式、双电动机式、三电动机式、四电动机式等，如图7—1—1所示。

单电动机式

双电动机式

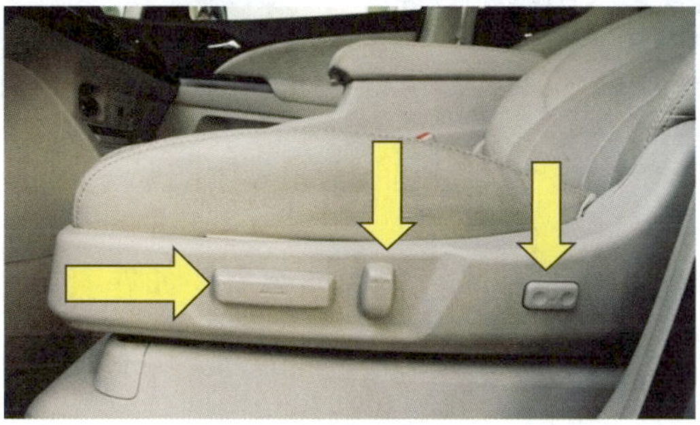
三电动机式

图 7—1—1　根据使用电动机的数量分类

电动座椅装用的电动机最多可达 8 个，除了保证基本运动外，还可对头枕高度、座椅长度和扶手的位置进行调整。

2. 根据有无加热器分类

根据有无加热器，电动座椅可分为无加热器式和有加热器式（见图 7—1—2）两种。

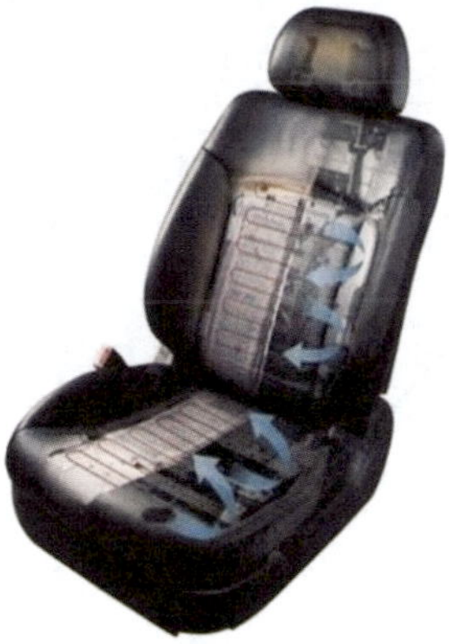

图 7—1—2　有加热器式电动座椅

3. 根据有无存储功能分类

根据有无存储功能，电动座椅可分为无存储功能和有存储功能两种，如图 7—1—3 所示。有存储功能的电动座椅可以将每次驾驶员或乘客调整电动座椅后的数据存储下来，作为以后重新调整座椅位置时的基准。

无存储功能座椅

有存储功能座椅

图 7—1—3　按照有无存储功能分类

此外，在座椅中还能附加一些特种功能装置，如在气垫座椅上使用电动气泵，对各个专用气囊（腰椎支撑气囊、侧背支撑气囊、座位前部的大腿支撑气囊等）进行充气，起到调节支撑腰椎、侧背和大腿的作用。

随着现代科技的发展和人们对驾驶、乘坐舒适性的追求不断提高，出现了越来越多功能的汽车电动座椅，图 7—1—4 所示为具有 6 种功能的电动座椅，图 7—1—5 所示为具有全方位可调节功能的电动座椅。

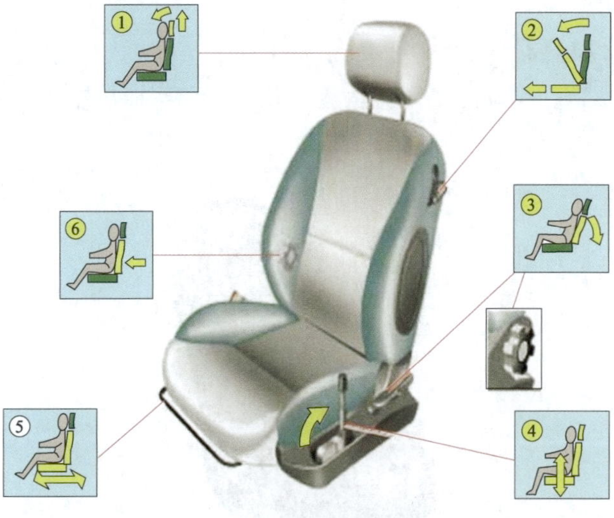

图 7—1—4　具有 6 种功能的电动座椅

①—头部调节　②—靠背倾斜调节　③—靠枕前后调节

④—座椅上下调节　⑤—座椅前后调节　⑥—侧背支撑调节

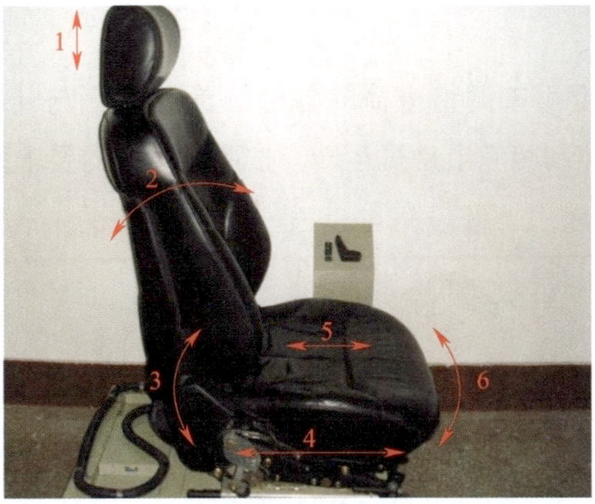

图 7—1—5　具有全方位可调节功能的电动座椅

1—头枕升、降　2—靠背俯、仰　3—后部升、降
4—整体前、后　5—坐垫前、后　6—前部升、降

二、电动座椅的组成及工作原理

1. 电动座椅的组成

(1) 电动机

电动座椅大多采用永磁式电动机（见图 7—1—6）驱动，并通过装在座位侧板上或门扶手上的肘节式控制开关来控制电路通路和电流方向，使某一电动机按所需的方向运转，以达到调整座椅的目的。

为了防止电动机过载，大多数永磁式电动机内装有热过载保护断路器。有些电动座椅采用串激电动机来驱动，并装有两个磁场线圈，使其可作双向运转。这种电动机多使用继电器控制电流方向，当开关换向时，可听到继电器动作的“咔嗒”声。

图 7—1—6　永磁式电动机

(2) 手动调节开关

手动调节开关主要用来调整座椅的各种位置，如图 7—1—7 所示。当按下此开关后，电控单元就会控制相应电动机运转，按照驾驶员的要求调整座椅的位置。

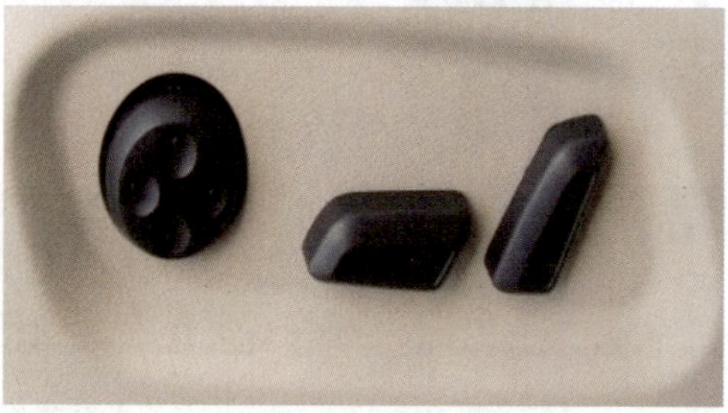

图 7—1—7　手动调节开关

(3) 存储和复位开关

存储和复位开关主要用来存储或恢复驾驶员已经调整好的座椅位置，如图 7—1—8 所示。按下此按钮，能按存储的各个座椅位置的要求调整座椅的位置。

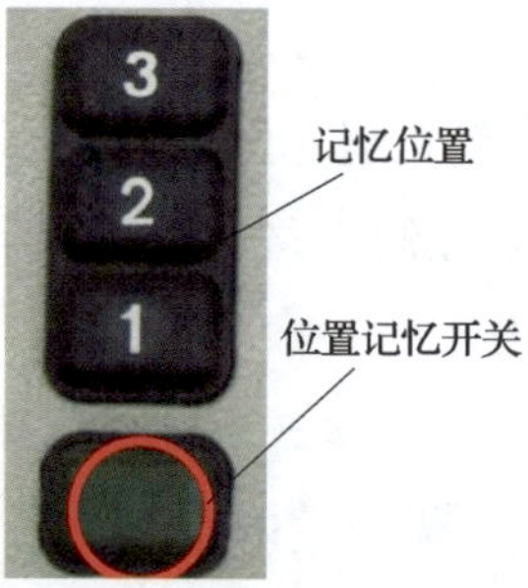

图 7—1—8　存储和复位开关

(4) 位置传感器

位置传感器主要用来检测座椅的各种位置，其结构如图 7—1—9 所示。它主要由齿轮、滑块和螺旋杆（可变电阻器）组成，其工作原理与一般电位计相似。螺旋杆由电动机通过齿轮驱动旋转，并带动滑块在电阻器上滑动，从而使输出电压信号发生变化。电控单元根据此电压信号决定座椅的位置。只要座椅位置调定后，驾驶员按下存储和复位开关，电控单元就将这些电压信号存储起来，作为重新调整位置时的基准。

(5) ECU

ECU 主要用来控制靠手动调节开关的座椅调节装置，也能根据从转向柱倾斜与伸缩 ECU、位置传感器等送来的信号存储座椅位置。考虑到驾驶员的不同体型和喜好，自动调节系统能在该 ECU 中存储 2 种不同的座椅位置（供选择），靠一个“单独”开关的点动，ECU 即可将座椅调整到驾驶员所期望的位置，如图 7—1—10 所示。

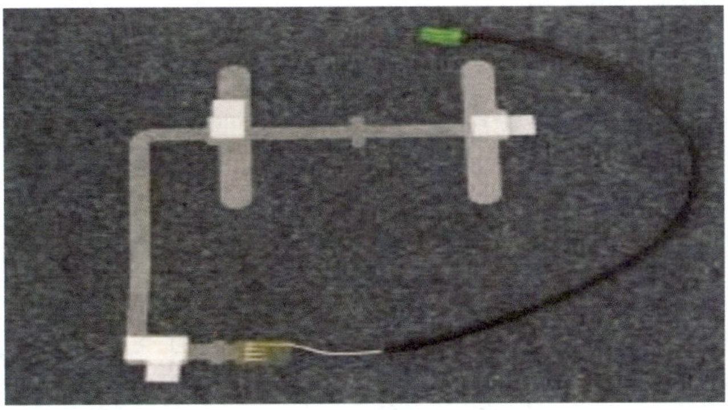

图 7—1—9 位置传感器

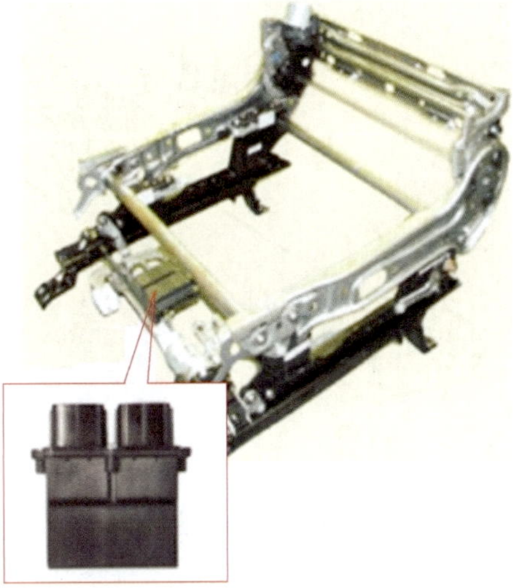

图 7—1—10 ECU 及其控制装置

2. 电动座椅的工作原理

调整汽车电动座椅时，驾驶员或乘员利用手动调节开关通过电控单元控制调整量，然后利用存储和复位开关控制某一位置的数据存储。座椅位置信号取自变阻器上的电压降。根据每个自由度上的电动机驱动座椅，从而使变阻器随动。根据变阻器的电压降，控制单元识别座椅的运动机构是否到达“死点”位置。如果到达“死点”位置，电控单元及时切断供电电源，保护电动机和座椅驱动机构。

任务实施

一、前座椅组成部件的认知

前座椅的组成部件如图 7—1—11 所示。

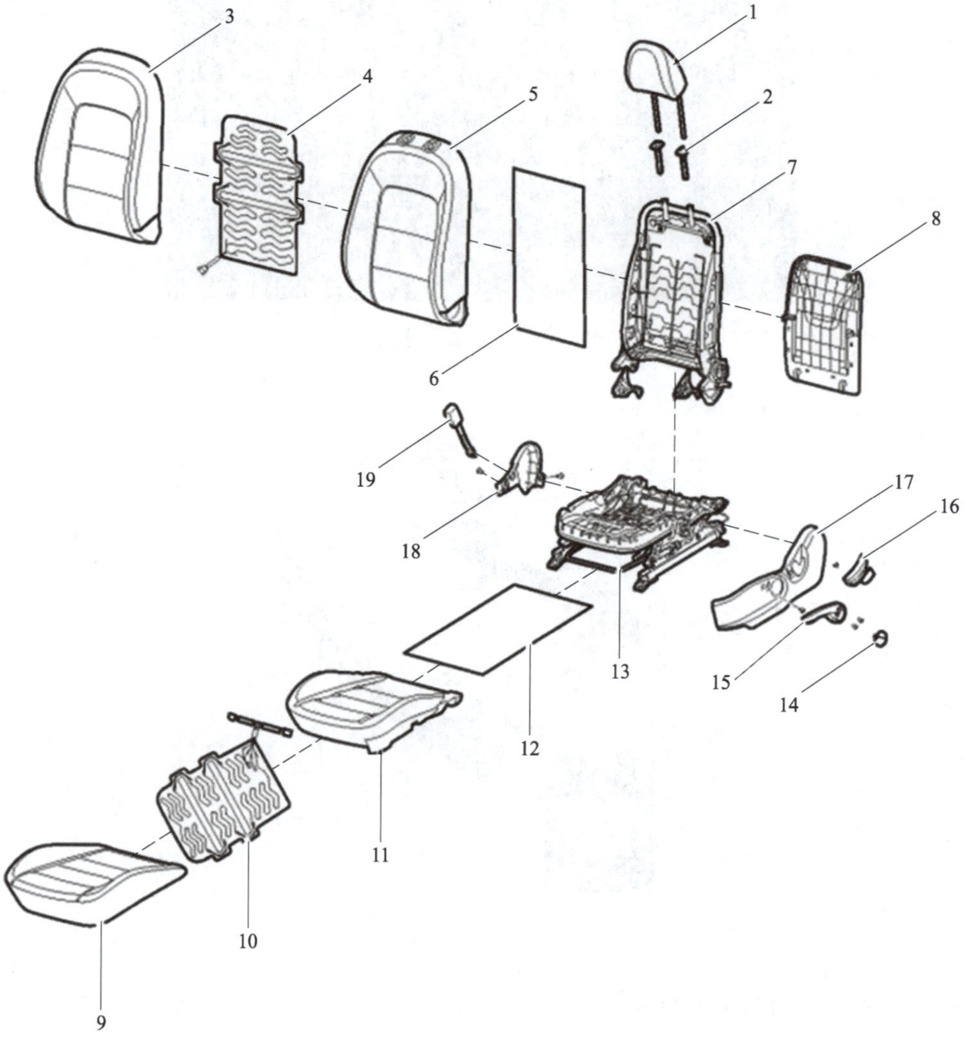

图 7—1—11　前座椅的组成部件

1—前座椅头枕　2—前座椅头枕导管　3—前座椅靠背盖　4—前座椅靠背加热器　5—前座椅靠背垫
6—前座椅靠背消音板　7—前座椅靠背框架总成　8—前座椅靠背板　9—前坐垫盖　10—前座椅坐垫加热器
11—前座椅坐垫　12—前座椅坐垫消音板　13—前座椅坐垫框架总成　14—前座椅高度调整杆盖
15—前座椅高度调整杆　16—前座椅靠背倾斜控制杆　17—前座椅外侧保护盖
18—前座椅内侧保护盖　19—前座椅安全带扣环

二、电动座椅的拆装	
	1．打开电控点火开关。 提示： ◆ 恢复驾驶员已经调整的座椅位置。
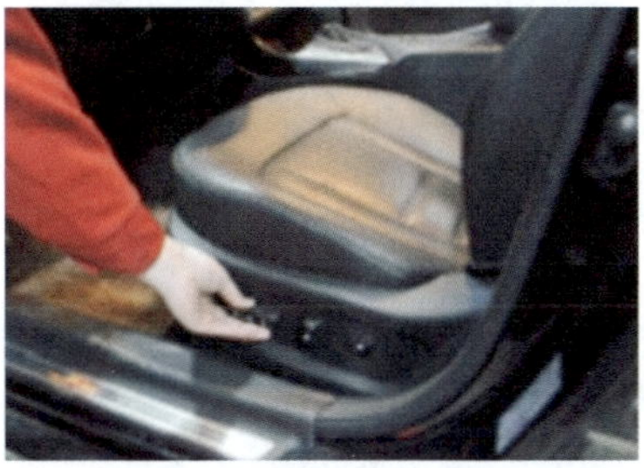	2．将座椅移向前方。
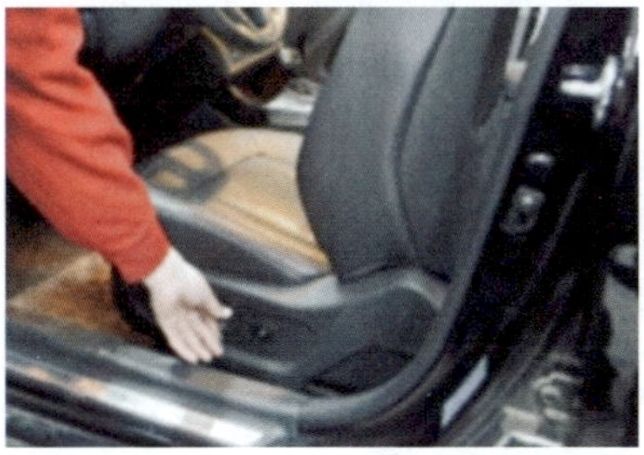	3．将靠背向前倾斜。
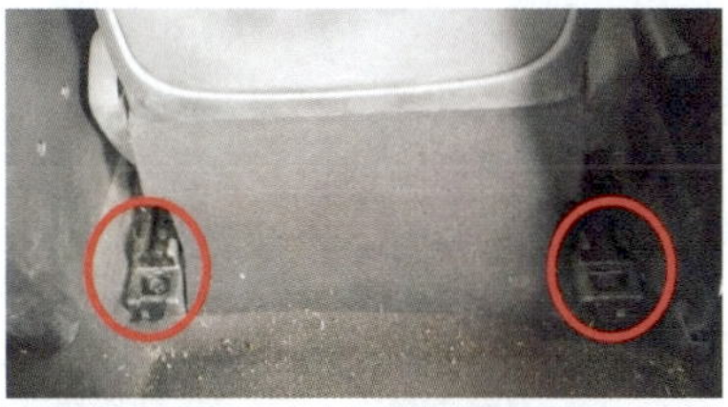 	4．打开座椅固定螺母装饰盖，拆卸座椅滑轨固定螺母。 提示： ◆ 使用 14# 套筒扳手拆卸固定螺母。

	5．拆卸座椅固定螺栓。 提示： ◆ 使用 14 mm 套筒拆卸。
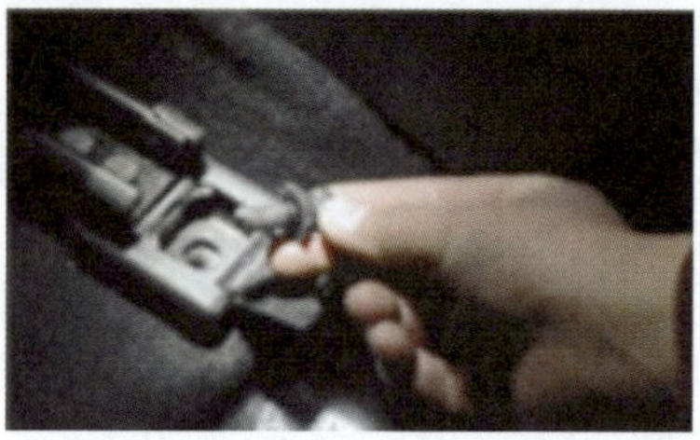	6．取出座椅后固定螺栓。 提示： ◆ 取下后要及时放入工具车，不能随意乱放，以免丢失。
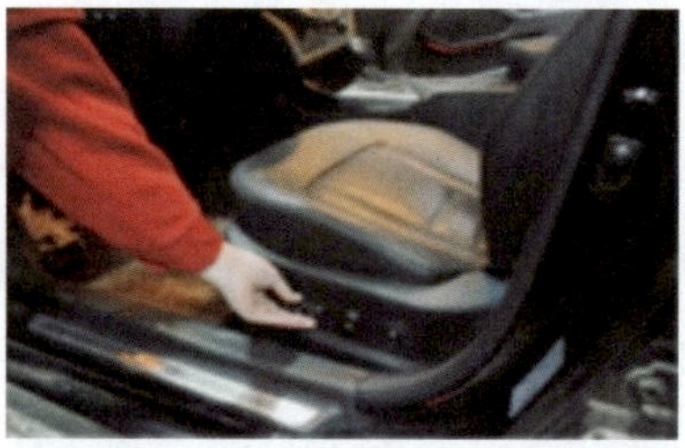	7．将座椅移向后方。
	8．打开座椅前固定螺栓装饰盖。 提示： ◆ 使用开口旋具拆卸。

	9．取出座椅前固定螺栓。 提示： ◆ 取下后要及时放入工具车，不能随意乱放，以免丢失。
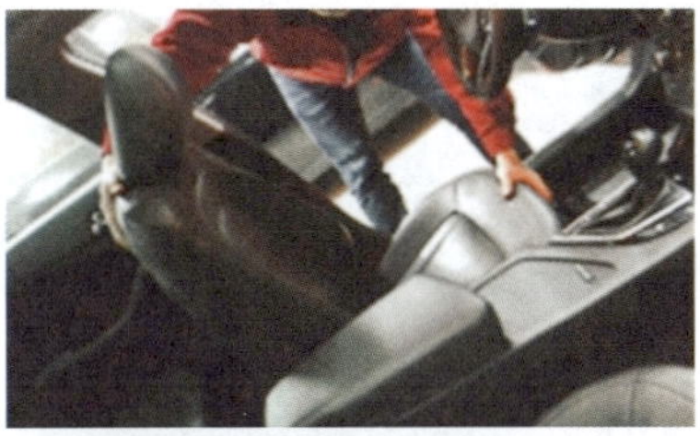 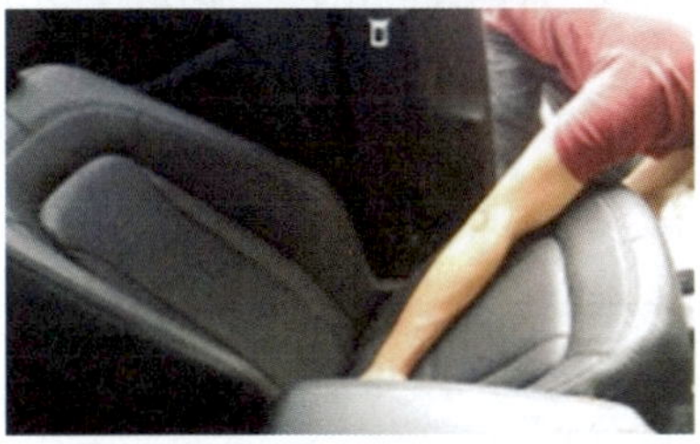	10．移动并抬起座椅。 提示： ◆ 注意下方的安全气囊、通风电动机、座椅调节器控制线束连接器。
	11．检查线束。 提示： ◆ 观察线束是否完好，连接插头是否松动。
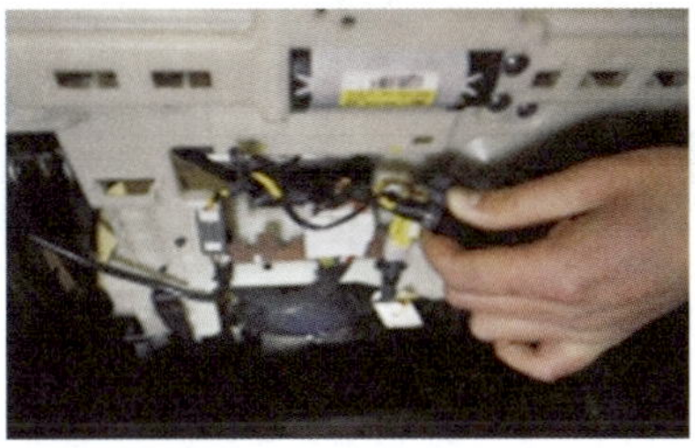	12．拆卸线束固定扣。 提示： ◆ 拆卸时用力不要过大，以防断线。

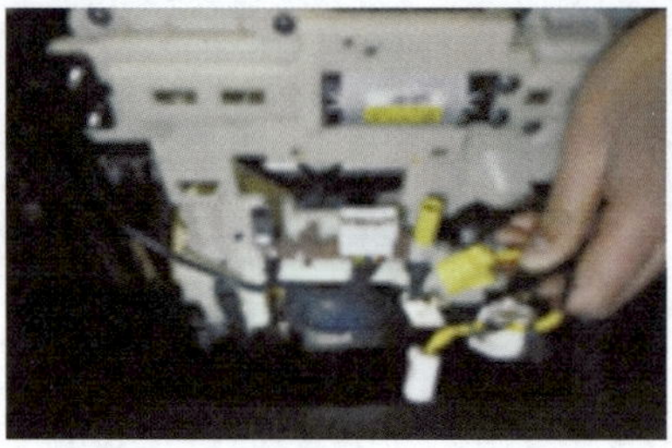	13．拔下线束连接器。 提示： ◆ 依次拔下通风电动机、座椅调节、安全气囊控制线束连接器。
	14．取出驾驶员座椅。 提示： ◆ 将座椅头枕向内倾斜，使座椅底部先出车门。
	15．将座椅放入工作台。 提示： ◆ 工作台上要铺好工作布，以防座椅损伤。
◆ 驾驶员侧电动座椅的安装步骤与拆卸步骤相反。	

考评标准表——电动座椅的拆装

时间：20 min

序号	项目	分值	评分标准	评价结果
1	描述汽车电动座椅的类型	10	少说一项扣 2 分，扣完为止	
2	描述汽车电动座椅的组成	10	少说一项扣 2 分，扣完为止	
3	描述汽车电动座椅的工作原理	10	少说一项扣 5 分	

续表

序号	项目	分值	评分标准	评价结果
4	汽车电动座椅组成部件的认知	40	在实车上指出各组成部件，少一项扣5分	
5	电动座椅的拆装	30	按步骤操作，少一项扣5分	
分数合计		100		

任务2　电动座椅的检修

实训目标

1. 了解电动座椅主要部件的检测方法。
2. 掌握电动座椅故障的检修方法。
3. 能够识读电动座椅电路图。
4. 能够检修电动座椅。

实训准备

1. 设备：整车、万用表、清洁布、常用工具。
2. 材料：汽车电动座椅元件位置图、电路接线图、维修手册。
3. 场地：汽车电气（一体化）实训室。

工作任务

电动座椅出现故障时，首先要分析电动座椅系统电路图，然后有针对性地对系统部件进行检测与维修。

知识储备

一、电动座椅电路图分析

驾驶席电动座椅电路图如图7—2—1所示。

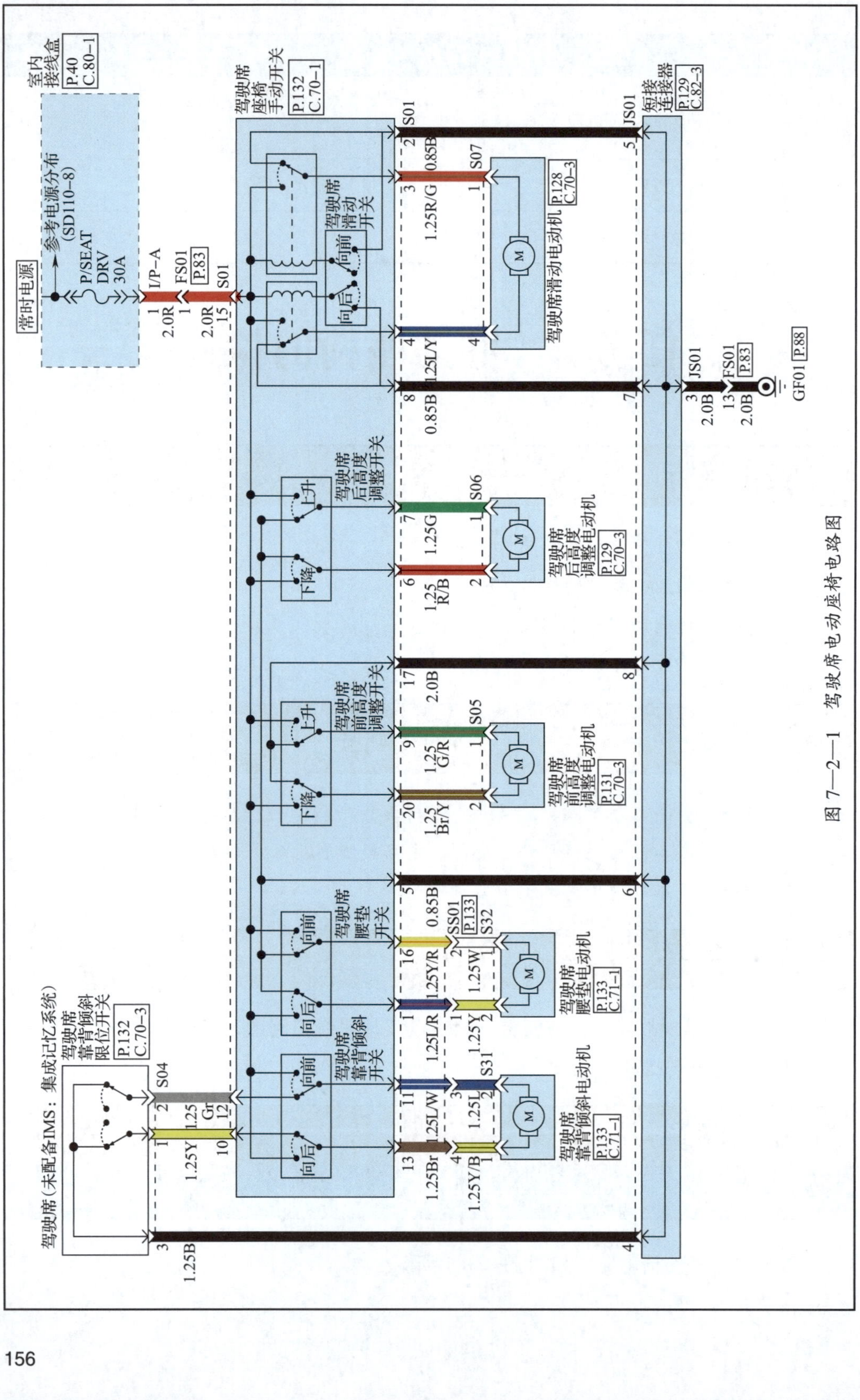

图 7—2—1 驾驶席电动座椅电路图

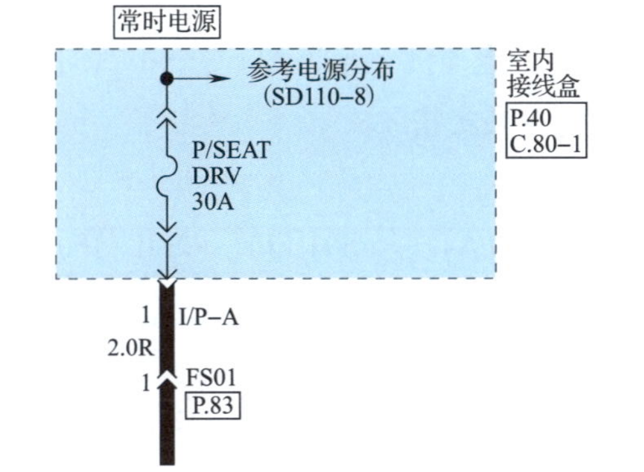	1．常时电源输出电压连接到室内接线盒。 接线盒内熔丝（P/SEAT DRV 30 A），确认熔丝时借助接线盒继电器熔丝位置图来判断。
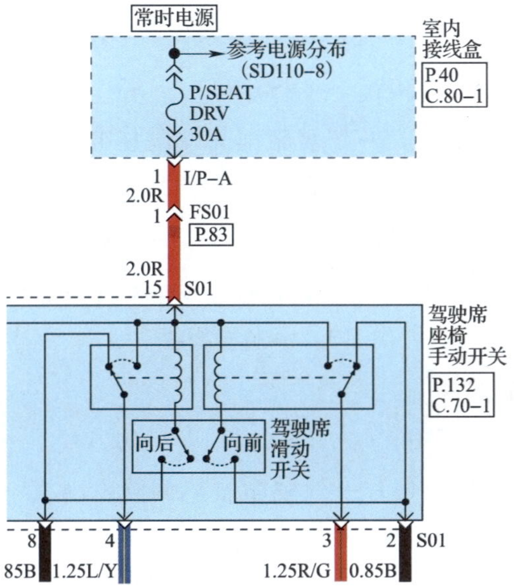	2．接线盒内熔丝（P/SEAT DRV 30 A）→FS01→驾驶席座椅手动开关S01（15）。

1．线路一：座椅前后滑动调节电路分析

（1）向前滑动：常时电源→接线盒内熔丝（30 A）→FS01（1）→S01（15）→滑动控制继电器（右）线圈→驾驶席滑动开关（向前）挡→S01（2）→JS01（5）→短接连接器→JS01（3）→负极搭铁，构成回路，线圈得电，滑动控制继电器（右）触点开关闭合。

常时电源→S01（3）→S07（1）→驾驶席滑动电动机→S07（4）→S01（4）→S01（8）→JS01（7）→短接连接器→JS01（3）→负极搭铁。

（2）向后滑动：常时电源→接线盒内熔丝（30A）→FS01（1）→S01（15）→滑动控制继电器（左）线圈→驾驶席滑动开关（向后）挡→S01（8）→JS01（7）→短接连接器→JS01（3）→负极搭铁，构成回路，线圈得电，滑动控制继电器（左）

触点开关闭合。

常时电源→ S01（4）→ S07（4）→驾驶席滑动电动机→ S07（1）→ S01（3）→ S01（2）→ JS01（5）→短接连接器→ JS01（3）→负极搭铁。

2. 线路二：座椅后高度调节电路分析

（1）后高度上升：常时电源→接线盒内熔丝（30 A）→ FS01（1）→ S01（15）→后高度调整开关（上升）挡→ S01（7）→ S06（1）→驾驶席后高度调整电动机→ S06（2）→ S01（6）→ S01（5）→ JS01（6）→ JS01（3）→负极搭铁。

（2）后高度下降：常时电源→接线盒内熔丝（30 A）→ FS01（1）→ S01（15）→后高度调整开关（下降）挡→ S01（6）→ S06（2）→驾驶席后高度调整电动机→ S06（1）→ S01（7）→ S01（5）→ JS01（6）→ JS01（3）→负极搭铁。

3. 线路三：座椅前高度调节电路分析

（1）前高度上升：常时电源→接线盒内熔丝（30 A）→ FS01（1）→ S01（15）→前高度调整开关（上升）挡→ S01（9）→ S05（1）→驾驶席前高度调整电动机→ S05（2）→ S01（20）→ S01（17）→ JS01（8）→ JS01（3）→负极搭铁。

（2）前高度下降：常时电源→接线盒内熔丝（30 A）→ FS01（1）→ S01（15）→前高度调整开关（下降）挡→ S01（20）→ S05（2）→驾驶席前高度调整电动机→ S05（1）→ S01（9）→ S01（17）→ JS01（8）→ JS01（3）→负极搭铁。

4. 线路四：驾驶室腰垫开关调节前后控制

（1）腰垫向前 ：常时电源→接线盒内熔丝（30 A）→ FS01（1）→ S01（15）→驾驶室腰垫开关（向前）挡→ S01（16）→ S32（1）→驾驶席腰垫调整电动机→ S32（2）→ S01（1）→ S01（5）→ JS01（6）→ JS01（3）→负极搭铁。

（2）腰垫向后：常时电源→接线盒内熔丝（30A）→ FS01（1）→ S01（15）→驾驶室腰垫开关（向后）挡→ S01（1）→ S32（2）→驾驶席腰垫调整电动机→ S32（1）→ S01（16）→ S01（5）→ JS01（6）→ JS01（3）→负极搭铁。

5. 线路五：驾驶室靠背倾斜开关前后控制

（1）靠背倾斜向前：常时电源→接线盒内熔丝（30 A）→ FS01（1）→ S01（15）→驾驶席靠背倾斜开关（向前）挡→ S01（11）→ S31（2）→驾驶席靠背倾斜电动机→ S31（1）→ S01（13）→ S01（10）→ S04（1）→ S04（3）→负极搭铁。

（2）靠背倾斜向后：常时电源→接线盒内熔丝（30 A）→ FS01（1）→ S01（15）→驾驶席靠背倾斜开关（向后）挡→ S01（13）→ S31（1）→驾驶席靠背倾斜电动机→ S31（2）→ S01（11）→ S01（12）→ S04（2）→ S04（3）→负极搭铁。

二、电动座椅主要部件的检测

电动座椅的主要部件有调节开关、调节电动机、位置传感器和电控单元（ECU）等。

1. 调节电动机的检测

对电动座椅调节电动机进行检测前应先将其从座椅上拆下来。其检测方法如下：

（1）当将电动座椅调节电动机处于某一种调节状态时，检测各端子与电源之间的连接情况，应符合要求。分别用导线将电动机插接器的两个端子与蓄电池的正、负极相连接，检查电动机的工作情况。必须注意的是，当电动机通电后不转或有异常响声，应立即停止检测。

（2）如果检测到某个调节电动机不运转或运转不平稳，应拔下该电动机上的两芯插接器，直接将蓄电池正、负极用导线与该电动机连接，进行通电检测。如果此时电动机运转没问题，则调节电动机两芯插座之间的导线可能有断路、接地或接触不良现象。

（3）如果单独对电动机通电后，电动机仍不运转或运转不正常，说明该电动机存在故障，应更换新件。

2. 调节开关的检测

对电动机调节开关进行检测前，应将其从驾驶员座椅上拆下。用万用表检测插接器各端子之间的导通状态，即可判断调节开关的好坏。图 7—2—2 所示为手动调节座椅电动机的检查。

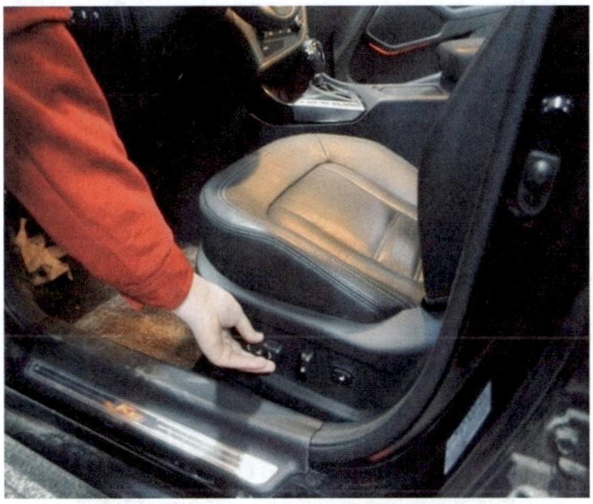

图 7—2—2　手动调节座椅电动机的检查

3. 位置传感器的检测

（1）拆下电动座椅 ECU

首先拆下驾驶员座椅，然后拆下前垂直调节器上的螺栓并将坐垫略微抬高（注意：不能将坐垫抬得过高，否则线束会被拉出，夹箍可能会松动）。将坐垫抬高后，可以从坐垫下面的固定处随插接器一起拆下电动座椅 ECU。

（2）位置传感器的检查

将电动座椅 ECU 的端子 CHK 连接到车身（接地），使 ECU 进入检查状态。用示波器测量电动座椅 ECU 的端子 S 与车身接地之间的电压波形。当示波器显示如图 7—2—3a 所示的电压波形时，表示“准备好”了；然后，接通电动座椅开关，用示波器检查座椅移动时的电压波形变化，如果示波器显示如图 7—2—3b 所示的电压波形，表示输入信号正常，相应的位置传感器无故障；如果示波器显示如图 7—2—3c 所示的电压波形，表示输入信号不正常，相应的位置传感器有故障，应更换位置传感器。在进行该项检查时，当座椅移动到极限位置（例如，头枕移到最高或最低位置）时，电压波形从正常变为不正常，这属于正常现象。

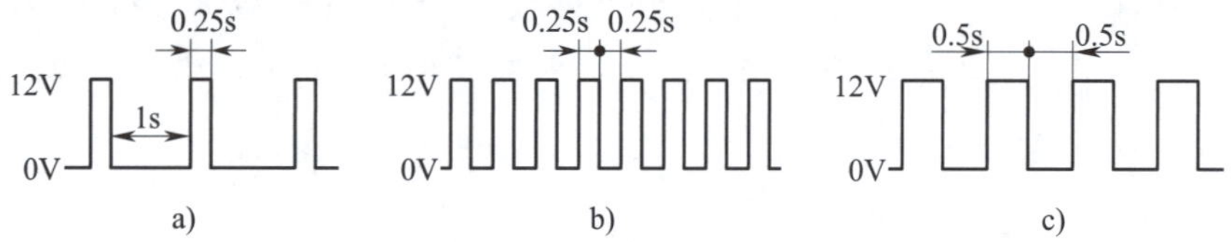

图 7—2—3　示波器的显示波形

4. ECU 的检测

汽车的 ECU（电控单元）一般很少出现故障。如果怀疑其有故障，通常采用测量其线束插接器相关端子间的电压或电阻，再与标准值进行比较的方法。其值应符合标准值，否则应进一步检查电路。但是在测量之前，应首先检查电控单元外观有无明显的损坏，外围元件是否脱焊或变质。如果一切完好，可对 ECU 进行检测，如图 7—2—4 所示。

图 7—2—4　检测座椅 ECU（电控单元）

三、电动座椅故障的检修方法

1. 电动座椅故障的初步检查

对电动座椅故障的初步检查，通常应检查易损件、导线，以及通过操作得以确认故障的可能部位。具体检查步骤如下：

（1）对易损件的检查。

（2）对配线的检查。

（3）通过操作判断故障产生的可能原因。

（4）电动开关的检查。

（5）控制电路的检查。

（6）电动机的检查。

2. 电动座椅的调整

（1）垂直行程的调整（见图 7—2—5）

首先，垂直移动座椅，当一个座椅调节器在其前后垂直行程极限上到达最靠上的位置时，从该座椅调节器上脱开前后垂直驱动钢丝。

然后，再垂直移动座椅，直到另一个座椅调节器也到达最靠上的位置后，再接上脱开的前后垂直驱动钢丝，并使两座椅调节器同向。

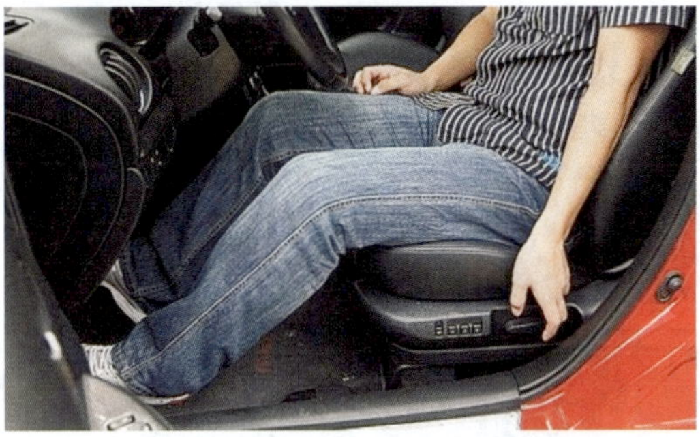

图 7—2—5　垂直移动座椅

（2）水平行程的调整

首先，水平移动座椅，当一个座椅调节器在其水平行程极限上到达最靠前的位置时，从该座椅调节器上脱开水平驱动钢丝。

然后，再水平移动座椅，直到另一个座椅调节器也到达最靠前的位置后，再接上脱开的水平驱动钢丝，并使两座椅调节器同向。

3. 自动座椅的检测

自动座椅位置的存储与复位情况如下：

当点火开关接通，自动变速器选挡杆置于“P”位置时，只要按住存储与复位开关 1 或 2，即可重复被存储的信息（或状态），其重复过程是按序号顺序进行的，即先将座椅向后滑动→靠背后倾→转向盘上下倾斜→座椅和安全带扣环上下调节→座椅头枕位置上下调整。

任务实施

电动座椅的检修	
	电动座椅的拆装同任务 1。 1．打开电控点火开关。 提示： ◆ 恢复驾驶员已经调整的座椅位置。
	2．检查线束。 提示： ◆ 观察线束是否完好，连接插头是否有松动。
	3．拆卸线束固定扣。 提示： ◆ 拆卸时用力不要过大，以防断线。
	4．拔下线束连接器。 提示： ◆ 依次拔下通风电动机、座椅调节器、安全气囊控制线束连接器。
	5．取出驾驶员座椅。 提示： ◆ 将座椅头枕向内倾斜，使座椅底部先出车门。

<table>
<tr><td></td><td>6．将座椅放入工作台。
提示：
◆ 工作台上要铺好工作布，以防座椅损伤。</td></tr>
<tr><td>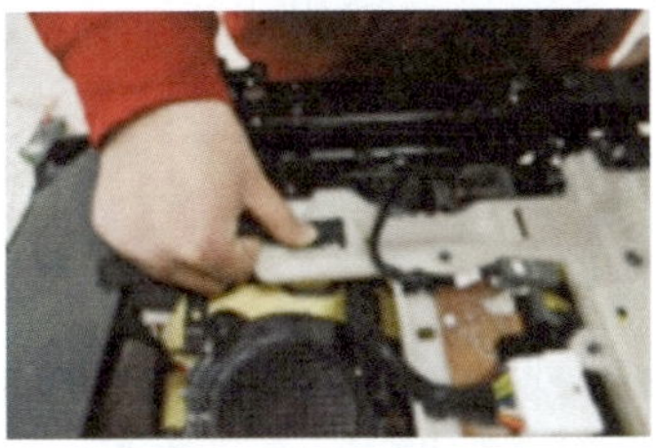</td><td>7．拆卸座椅靠背皮套固定拉扣。
提示：
◆ 座椅靠背皮套固定拉扣是塑料件，注意用力不要过猛，用力方向要正确。</td></tr>
<tr><td>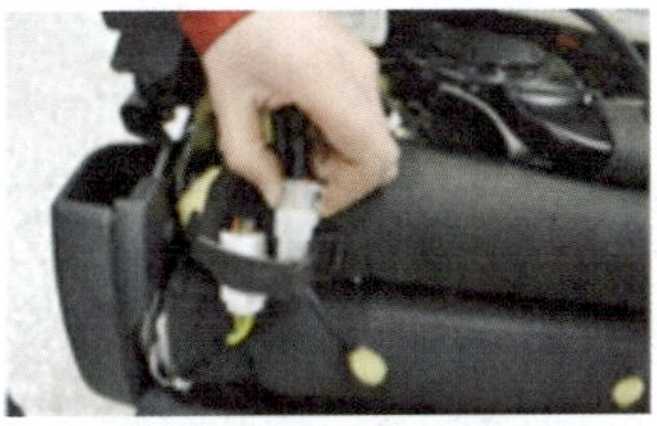</td><td>8．断开安全气囊、靠背调节及座椅加热接器插头。
提示：
◆ 工作台上要铺好工作布，以防座椅损伤。</td></tr>
<tr><td>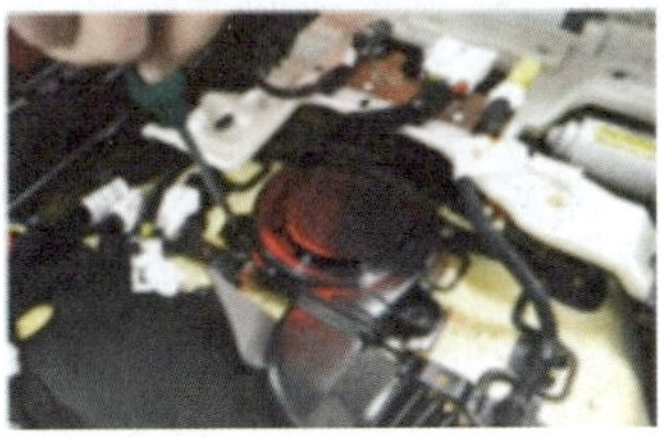</td><td>9．拆卸座椅电动机总成。
提示：
◆ 用梅花旋具拆卸座椅通风电动机总成固定螺栓。</td></tr>
<tr><td>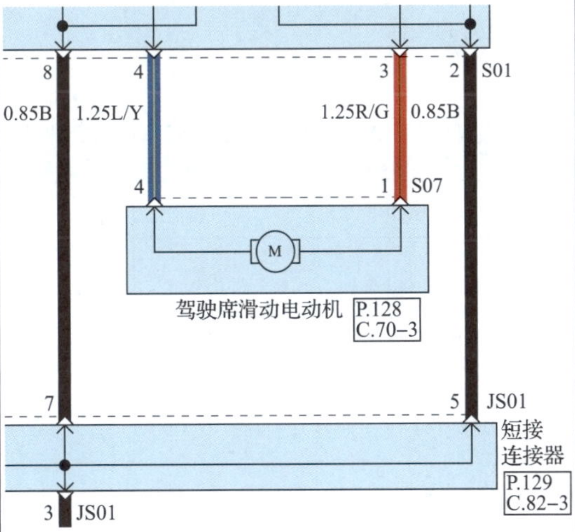
</td><td>10．测量驾驶席滑动电动机端子S07（1）及S07（4）。</td></tr>
</table>

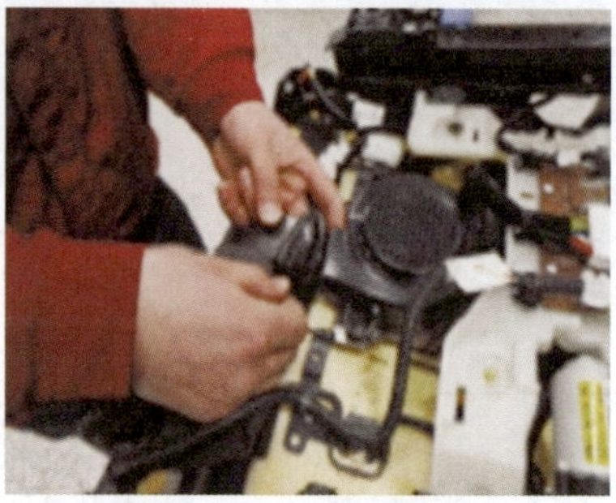	11．拆卸座椅靠背通风管。 提示： ◆ 有保险扣，注意解锁。
	12．取出座椅通风电动机总成。 提示： ◆ 注意拆卸坐垫通风管。
	13．分解座椅控制总成并测量各端子，确认是否存在短路。 提示： ◆ 注意座椅 ECU 连接线束 3 个插头及座椅电动机调整连接线束插头。

考评标准表——电动座椅的检修

时间：40 min

序号	项目	分值	评分标准	评价结果
1	汽车电动座椅电路图分析	30	少说一项扣 5 分	
2	描述汽车电动座椅主要部件的检测方法	20	少说一项扣 5 分	
3	描述汽车电动座椅故障的检修方法	20	少说一项扣 5 分	
4	汽车电动座椅的检修	30	在实车上按步骤操作，少一项扣 5 分	
分数合计		100		

课题八

中控门锁和防盗系统检测与维修

任务1　中控门锁和防盗系统的拆装

实训目标

1. 了解中控门锁和防盗系统的作用及组成。
2. 了解中控门锁和防盗系统的结构及工作原理。
3. 掌握中控门锁系统的拆装方法。

实训准备

1. 设备：整车、汽车电路台架、世达专用工具。
2. 材料：汽车中控门锁和防盗系统的元件位置图、维修手册。
3. 场地：汽车电气（一体化）实训室。

工作任务

中央控制门锁系统（简称中控门锁系统）也称无钥匙进入系统（Remote keyless Entry），为驾车者提供了一种开关门锁的方便手段。中控门锁系统只为合法使用者正常开闭车门，在一定程度上隔绝了非法入侵者的操作。因此，中控门锁系统也具有防盗功能。本任务要求能够拆装中控门锁系统。

知识储备

一、中控门锁系统的作用与组成

1. 中控门锁系统的作用

为了使汽车的使用更加舒适和安全，现代轿车多安装有中控门锁控制系统（见图8—1—1）。装置中控门锁后可实现下列功能：

（1）将驾驶员侧的车门锁扣按下（或按起）时，所有车门及行李舱盖都能自动锁止（或开启）。同样，电控钥匙也可同时锁止（或开启）所有车门和行李舱盖。

（2）在车室内个别车门需打开时，可分别拉开各自的车门锁扣。

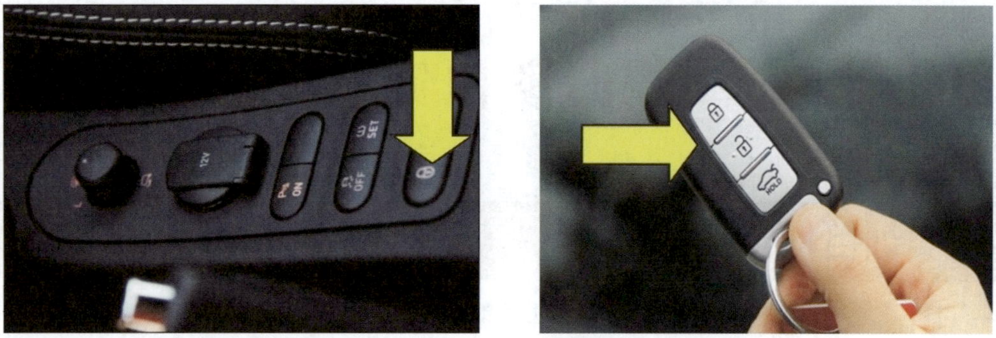

图 8—1—1　中控门锁和电控钥匙

2. 中控门锁系统的组成

中控门锁系统一般由门锁开关、门锁控制器和门锁执行机构组成，系统零部件位置如图 8—1—2 所示。

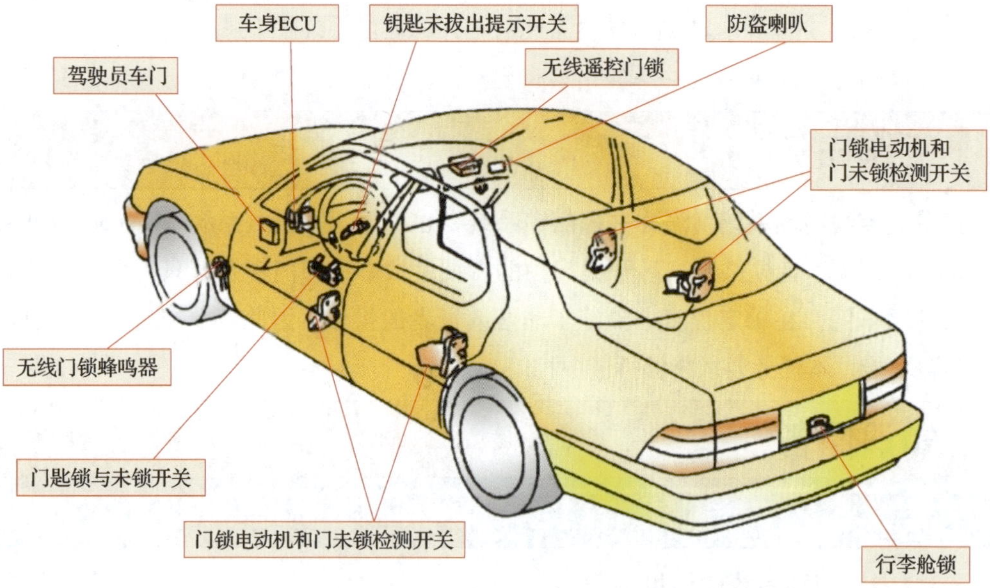

图 8—1—2　中控门锁系统的组成

二、中控门锁系统的结构与工作原理

中控门锁按驱动方式不同可分为直流电动机式、电磁线圈式、双向压力泵式等。在很多车辆上，中控门锁与防盗系统一同工作。

1. 直流电动机式中控门锁系统

直流电动机式中控门锁系统主要由双向电动机、导线、继电器、门锁开关及连杆操纵机构组成。直流电动机式中控门锁的操纵机构如图 8—1—3 所示。

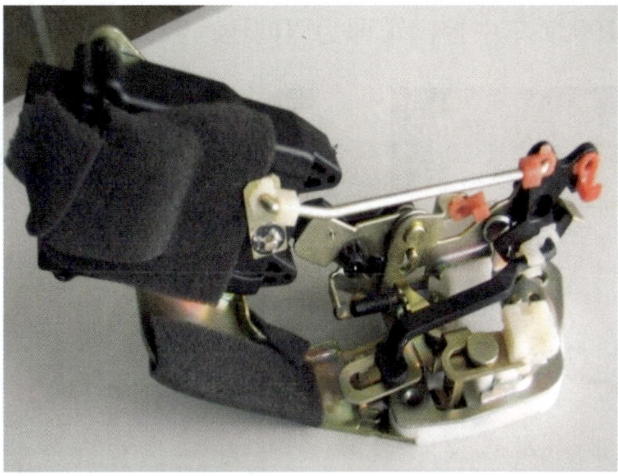

图 8—1—3　直流电动机式中控门锁的操纵机构

当门锁电动机运转时，通过门锁操纵连杆操纵门锁动作，门锁电动机的转向是可逆的，电动机的旋转方向由经过电动机电枢的电流方向决定。如果锁门时电动机的电枢流通的是正向电流，那么开锁时电动机电枢流通的即为反向电流，电动机反向旋转。这样，利用电动机的正转或反转，就可完成车门的闭锁和开锁动作。

驾驶员或乘客利用门锁开关可以接通或断开门锁继电器。门锁继电器包括锁定和开锁两个继电器。它有两个功能：一个是动合触点将电源电压施加于电动机；另一个是动断触点使电动机另一端搭铁，形成通路。

将开关掷向锁定位置时，电源供电给锁定继电器线圈，继电器动作，其动合触点闭合，电源电压经此动合触点施加于所有门锁电动机，电动机电枢另一端经开锁继电器动断触点搭铁，电动机旋转并将各车门锁住。当开关断开电源（开关放在中间位置）时，锁定继电器释放。将开关掷向开锁位置时，开锁继电器线圈有电，继电器吸合，电源电压经闭合的开锁继电器动合触点施加于电动机，电动机电枢的另一端经锁定继电器动断触点搭铁，电动机转动将锁打开。当开关打开回到中间位置时，开锁继电器失去作用。

2. 电磁线圈式中控门锁系统

图 8—1—4 所示为电磁线圈式中控门锁系统的执行机构。当给门锁线圈通正向电流时，衔铁带动连杆左移，锁门；当给门锁线圈通反向电流时，衔铁带动连杆右移，开门。

3. 双向压力泵式中控门锁系统

双向压力泵式中控门锁是利用双向空气压力泵产生压力或真空，通过膜盒来完成门锁的开关动作。其主要由机械部分、空气管路和电路三部分组成，是一个独立的控制系统。奥迪 100 轿车中控门锁即为双向压力泵式，如图 8—1—5 所示。

图 8—1—4　电磁线圈式中控门锁系统的执行机构

图 8—1—5　双向压力泵式中控门锁

当用钥匙或用手拉起两个前车门的任一门锁锁扣来打开门锁时，由于锁扣通过连接杆与前车门锁执行元件相连接，连接杆被向上拉起，车门锁执行元件中的门锁开关的开锁触点闭合。控制单元收到此信号后，立即控制双向压力泵转动压缩空气，系统管路中的气体呈正压，气体进入 4 个车门行李舱的执行元件（膜盒）内，膜片推动连接杆向上运动，将各门锁打开。

当用钥匙或用手按下 2 个车前门的任一门锁扣来锁住车门时，连接杆被压下，车门锁执行元件中的门锁开关的闭锁触点闭合，控制单元收到此信号后，立即控制双向压力泵向另一个方向运转，用以抽吸空气，系统管路中呈负压，各门锁的执行元件进入真空状态，膜片带动连接杆向下运动而将各车门锁住，如图 8—1—6 所示。

后车门及行李舱的门锁执行元件与前车门有所不同。它们没有门锁开关及接线，只是一个气动执行元件（膜盒）。

另外，装有控制单元和双向压力泵的塑料盒内有一个双触点压力开关。压力泵不转动时两对触点都断开，压力泵转动 3 ～ 7 s 后，无论是正压还是负压，都会使一对触点闭合；控制单元收到信号后，立即使压力泵停止转动。如果管路或膜盒漏气，压力泵虽然转动但建立不起正压或负压，触点不能闭合。控制单元具有压力泵强行保护功能，即延迟电路每次只允许压力泵转动 30 s 便自动停机，其作用是当管路出

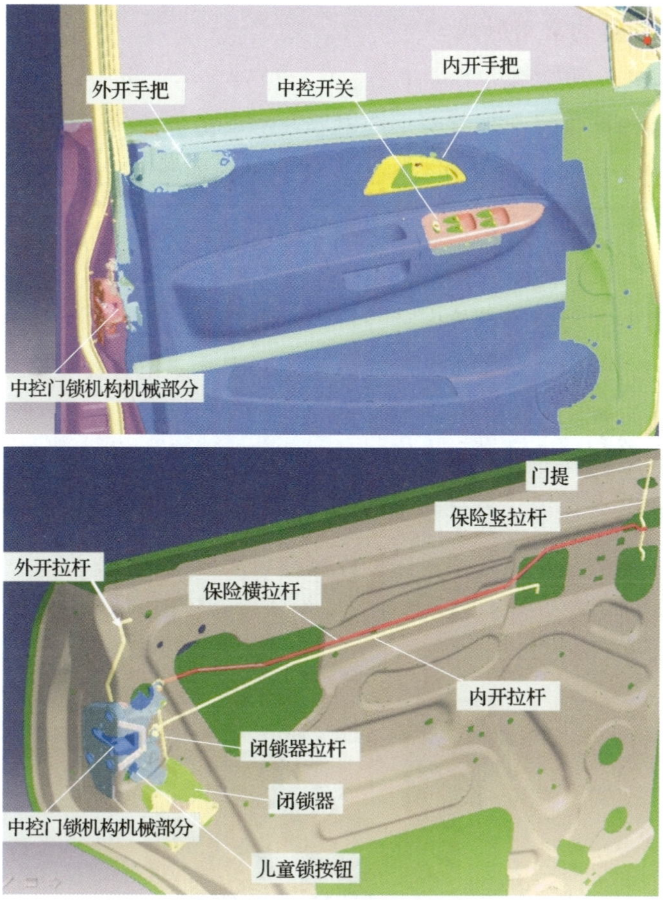

图 8—1—6　中控门锁的工作原理

现漏气故障后，防止压力泵因长时间运转而被烧毁。塑料盒内的系统管路上还装有一个放气阀，每当压力泵停止转动后，此阀立即打开，使系统管路与大气相通，以备下一次操作。每当压力泵转动之前，此阀立即关闭，使系统管路与大气隔绝。

三、中控门锁控制器的形式及工作原理

门锁机构在工作时要消耗电能，为缩短工作时间，门锁电路装有定时装置。为门锁执行机构提供锁 / 开脉冲电流的控制装置称为门锁控制器。这种装置的工作原理是利用电容器的充、放电特性，在超过规定时间后，输送给门锁机构的电流就自行中断，正常锁门或开门也如此。定时装置可以保护电路和用电器的安全。四门轿车使用电动机多，为防止电控门锁开关过载，一般增装继电器，通过门锁开关控制继电器，再控制电动机。

1. 门锁控制器的常用形式

（1）晶体管式门锁控制器

晶体管式门锁控制器内部有两个继电器：一个负责锁门，另一个负责开门。继电器由晶体管开关控制，利用电容器的充放电过程控制一定的脉冲电流持续时间，使执行机构完成锁门和开门动作。

（2）电容式门锁控制器

该门锁控制器利用电容充放电特性，平时电容器充足电，工作时将它接入控制电路使电路放电，使两电路其中之一通电而短时吸合。电容器完全放电后，通过继电器的电容中断而使其触点断开，门锁系统不再工作。

（3）车速感应式门锁控制器

在中控门锁系统中增加车速为 10 km/h 的感应开关，当车速在 10 km/h 以上时，若车门未上锁，驾驶员不需动手，门锁控制器自动将门上锁，如果个别车门要自行开门或锁门可分别操作。图 8—1—7 所示为车速感应式门锁控制器。

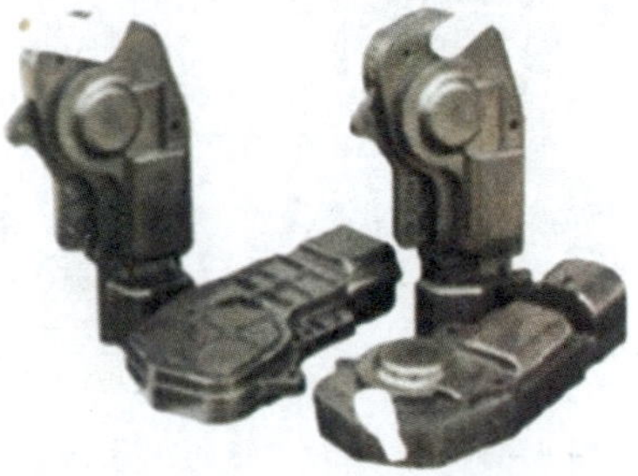

图 8—1—7　车速感应式门锁控制器

2. 门锁控制器的工作原理

图 8—1—8 所示为车速感应式中控门锁系统电路。当点火开关接通时，电流流经报警灯可使 3 个车门的报警开关（此时门未锁）搭铁，报警灯亮。若按下锁门开关，定时器使三极管 VT2 导通一段时间，在三极管 VT2 导通期间，闭锁继电器线圈 L1 通电，动合触点闭合，门锁执行机构通过正向电流，执行锁门动作。当按下开锁开关，则开锁继电器线圈 L2 通电，动合触点闭合，门锁执行机构通过反向电流，执行开门动作。汽车行驶时，若车门未锁，且车速低于 10 km/h 时，置于车速表内的 10 km/h 开关闭合，此时稳态电路不向三极管 VT1 提供基极电流，当行车速度高于 10 km/h 时，10 km/h 车速感应开关断开，此时稳态电路给三极管 VT1 提供基极电流，VT1 导通，定时器触发端经 VT1 和车门报警开关搭铁，如同按下锁门开关一样，使车门锁定，从而保证行车安全。

门锁控制器机械结构如图 8—1—9 所示。

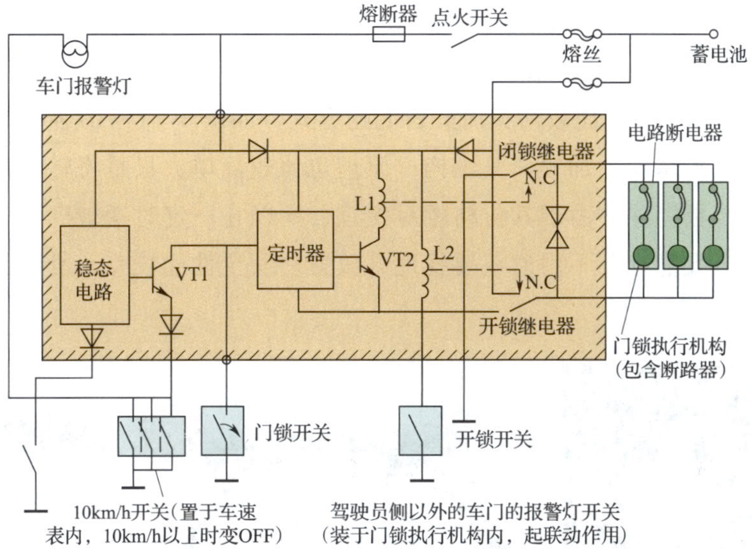

图 8—1—8　车速感应式中控门锁系统电路

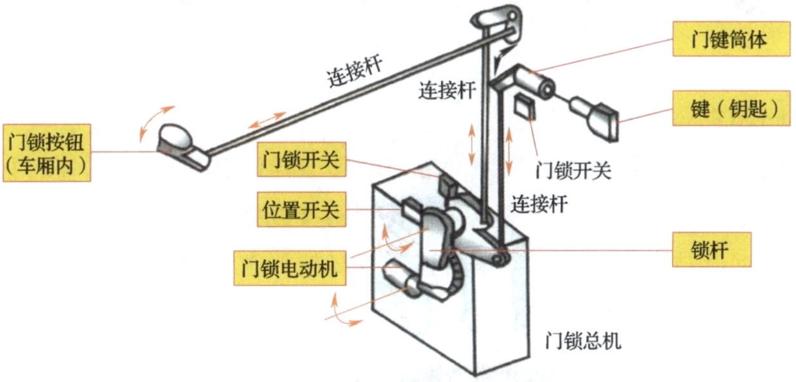

图 8—1—9　门锁控制器机械结构

四、防盗系统的种类及工作原理

1. 防盗系统的作用与种类

(1) 防盗系统的作用

汽车防盗系统通过将防盗装置与汽车电路配接在一起，从而达到防止汽车被盗、保护汽车，并实现防盗装置各种功能的目的。理想的防盗装置应能使偷盗者不能开动汽车，汽车能发出一种报警信号，给偷盗者一种心理上的冲击。警报一般以灯光闪烁与发声报警形式发出，警报发生后持续时间为 1 min，但发动机起动电路直到车主用车钥匙打开汽车门锁之前都始终处于断路状态。

（2）防盗装置的种类

常见的汽车防盗装置有三种：机械式、电子式和网络式。

1）机械式防盗装置

机械式防盗装置是比较常见而又古老的方式，如图 8—1—10 所示，就是在开车所必须用到的零件上加锁，其结构、原理也比较简单，只是将转向盘、控制踏板、钢圈或挡板锁住。由于其价格相对便宜，所以在一定时期被广泛应用，但是因为其每次拆装麻烦，不用时还要找地方放置，安全性能较差，所以已经逐步被淘汰。

图 8—1—10　机械式防盗装置

2）电子式防盗装置

传统的汽车锁就是点火开关锁，它与钥匙一样没有防盗功能，任何人只要将点火开关锁拆卸下来，用导线将点火开关锁的接线柱接通，即可启动汽车。随着电子软件和遥感技术的发展，汽车防盗装置日趋严密和完善。电子式防盗装置如图 8—1—11 所示。

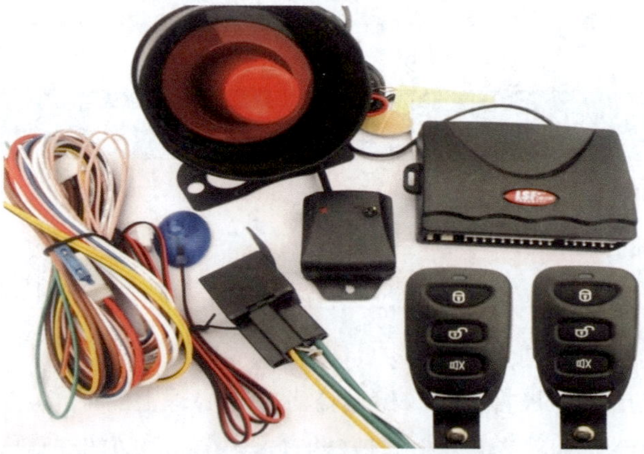

图 8—1—11　电子式防盗装置

3）网络式防盗装置

该类系统目前大体有两种：一是利用车载台（对讲机）通过中央控制中心进行定位监控；二是利用卫星进行定位跟踪（GPS）。这两种防盗系统的技术含量都很高，但必须在没有盲区的网络（包括中国移动 GSM、中国联通 CDMA）支持下才能工作，更主要的是需要政府配合公安部门设立监控中心。由于上述条件的限制，我国还没有正式批量使用。不过，随着智能交通（ITS）和通信技术的发展，该技术必将广泛应用在汽车领域。

2. 防盗系统的工作原理及控制方法

（1）防盗系统的工作原理

当有人擅自打开装有防盗系统汽车的任一车门时，防盗系统以及与其相关联的声光电路立即启动报警，且在发动机启动时会自动熄火，以达到防盗的目的。电子式防盗系统的组成如图 8—1—12 所示。

当把自动门锁开关置于 LOCK 位置时，关闭车门，则系统进入防盗准备状态。这时如有人打开车门或由行李舱拉出锁筒，防盗电路就会启动，扬声器发出声响，尾灯、顶灯、外灯等发光，同时接通起动中断电路，阻止发动机启动。

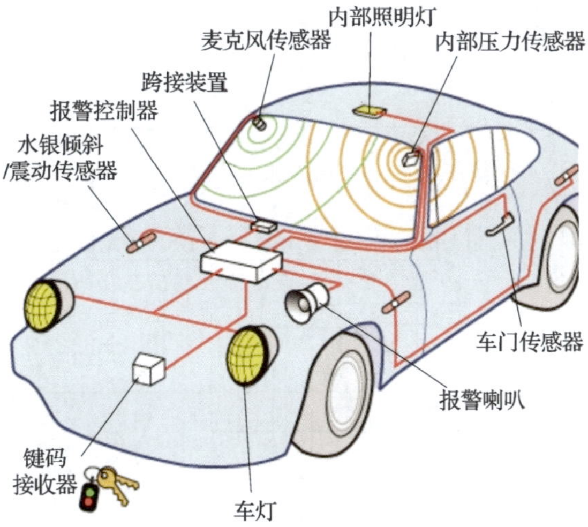

图 8—1—12　电子式防盗系统的组成

防盗装置在车辆上的布置如图 8—1—13 所示，当用钥匙锁好所有车门时，该系统处于约 30 s 检测时间报警状态。之后，系统中的指示器（通常为发光二极管）开始断续闪光，表明系统处于报警状态。当车主用其钥匙开启门锁时，这种报警状态或报警运转解除。

警报一般以闪烁灯或发声报警形式发出。警报发生后持续时间约为 1 min，但起动电路直到车主用车钥匙打开汽车门锁之前始终处于断路状态。

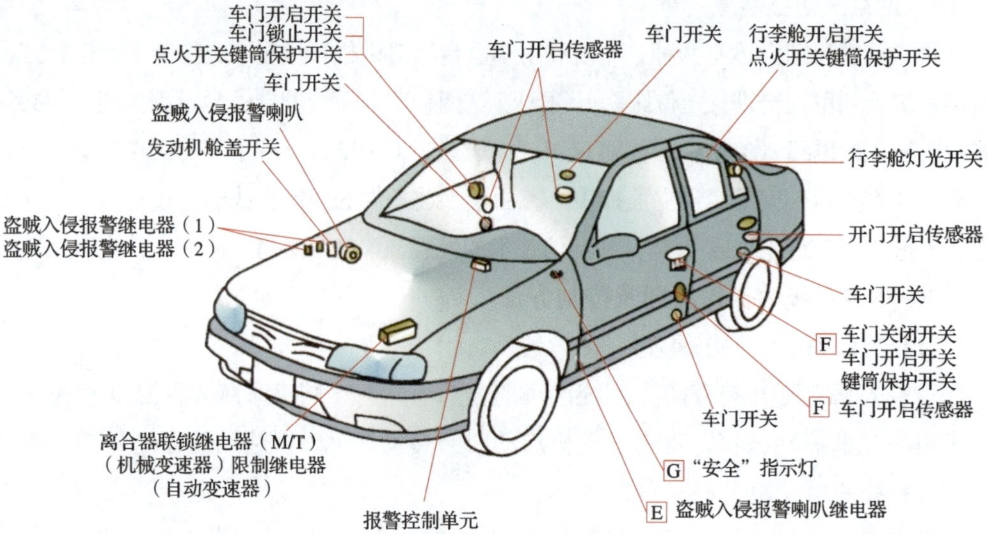

图 8—1—13　防盗装置在车辆上的布置图

防盗系统电路图如图 8—1—14 所示。

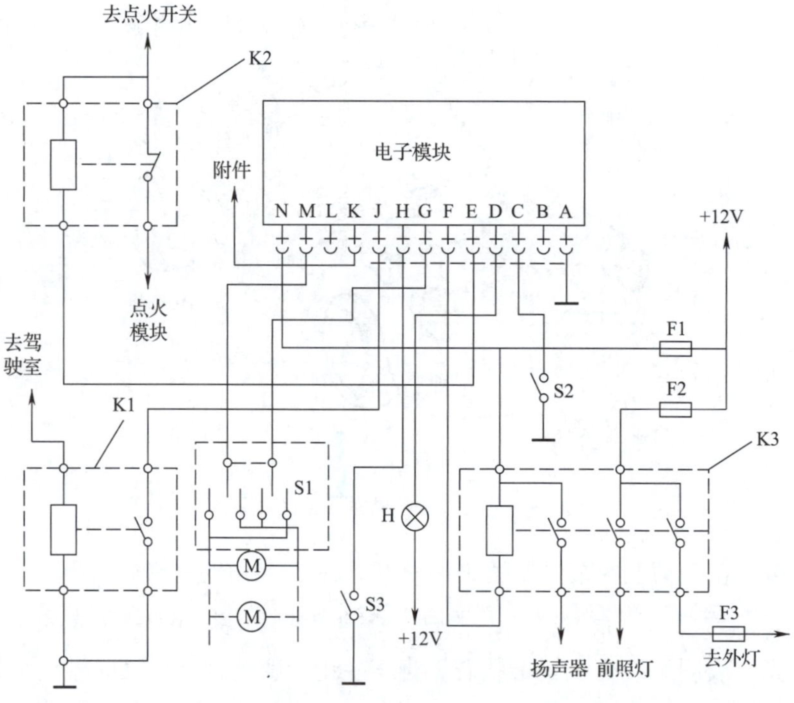

图 8—1—14　防盗系统电路图

K1—触发继电器　K2—启动中断继电器　K3—报警继电器　F1、F2、F3—熔断器　H—指示灯

S1—门锁电动机开关　S2—行李舱开关（当锁筒拉出时闭合）　S3—门锁开关

图 8—1—15 所示为防盗系统的部分电路。电子模块的 G 端子连接到自动门锁的“锁定”电路，M 端子连接到自动门锁的“开锁”电路。左、右门锁开关接于模块的 H 端子，当车门关闭时，此开关打开。报警指示灯连接在电源和模块 D 端子之间，只要 D 端子 (模块动作时) 搭铁，灯就点亮，它用来提醒驾驶员防盗系统各部分的工作状态。系统处于防盗准备状态时，左车门打开时的电流方向如图 8—1—16 所示。

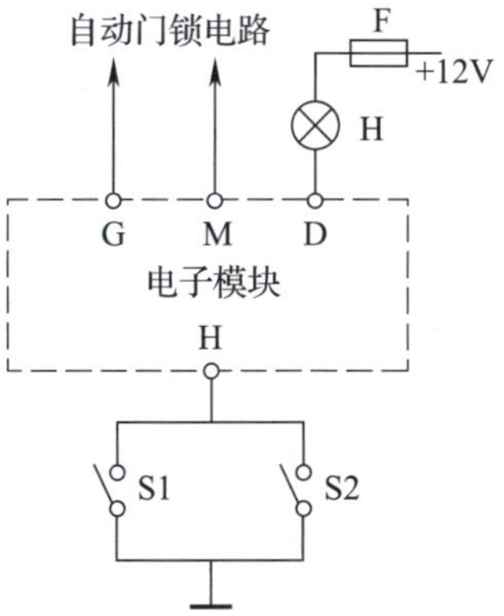

图 8—1—15　防盗系统门锁开关及指示灯电路

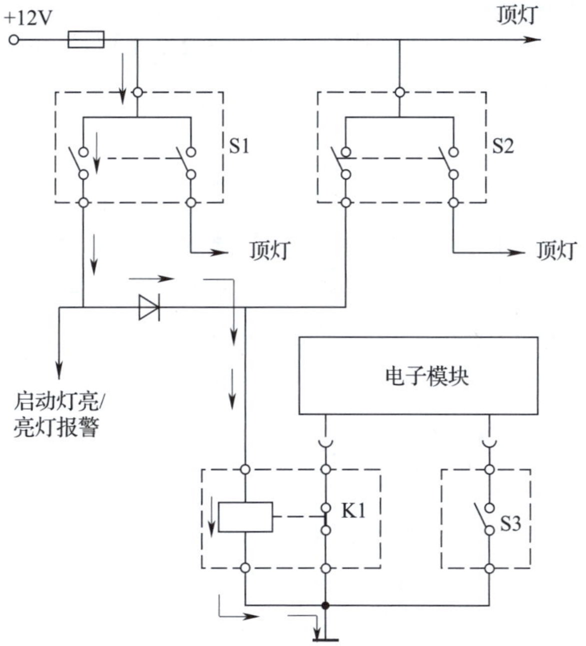

图 8—1—16　防盗系统左车门打开时的电流方向

电流从电源经左门框侧柱开关及二极管再经过触发继电器线圈后搭铁，触发继电器吸合，使模块的J端子搭铁，防盗系统工作。当右门打开时，右门框侧柱开关闭合，触发继电器吸合，也使模块的J端子搭铁。

由于二极管的单向导电性能，电流不能通过二极管和亮灯防盗系统，所以亮灯防盗只有在打开左车门时才起作用。驾驶员要想防盗系统进入准备状态，其操作应按以下步骤进行。

1）关掉点火开关，使电子模块K端子失去电压。

2）打开车门，借以闭合门框侧柱开关，使蓄电池电压加到触发继电器线圈，使其动作，把模块J端子搭铁，J端子搭铁后引进模块D端子断续搭铁，使与其相连接的指示灯闪烁，以提醒驾驶员系统没有进入准备状态。

3）将自动门锁开关置于锁定位置，这时蓄电池电压加到模块G端子，使模块D端子稳定搭铁，指示灯一直点亮。

4）关闭车门，借以打开门框侧柱开关，触发继电器失压释放，J端子不再搭铁，使指示灯2 s后熄灭，此时系统进入防盗准备状态。

当系统进入防盗准备状态后，如有人擅自开门，报警继电器动作，启动声、光系统报警，并由起动中断电路阻止发动机启动。

（2）防盗系统的控制方法

1）使起动机无法启动

使用该方法的汽车上有一根导线是连接起动机继电器的，该导线外部连接至继电器控制线路，通过防盗电脑来控制该导线是否搭铁，从而控制继电器是否闭合，也就控制了起动机是否能够正常工作。

2）使发动机无法工作

采用此种方法的汽车，防盗电脑不仅控制着起动电路，还控制着发动机的其他部件（具体控制方式因品牌、厂商不同而有所不同），并可切断汽油泵继电器控制线路，使发动机处于无油供给的状态；还可控制自动变速器控制线路，使自动变速器液压油路中的控制电磁阀无法打开，以达到即使启动了发动机，自动变速器也不能传递运动或无法变换挡位的目的。

3）使发动机电脑处于非工作状态

与前两种方法不同的是，这种方法不是通过自行搭铁的方法来达到防盗的目的，而是防盗电脑通过连线把一特定信号直接输入至发动机电脑。在未解除防盗警戒或未直接切断防盗电脑电源的情况下，该信号不存在，发动机电脑也停止工作，那么发动机便无法启动了。解除防盗警戒后，防盗电脑便发出该信号，发动机电脑才能正常工作。

任务实施

驾驶员侧中控门锁的拆装	
	1．按课题六任务 1 的步骤拆卸电动车窗，取出车门导轨总成。
	2．拔下门控开关连接线束插头。 提示： ◆ 有保险扣，注意解锁。
	3．拆卸门锁控制开关的 3 个固定螺栓。 提示： ◆ 安装时固定螺栓的拧紧力矩为 10 N · m。
	4．拆卸门锁的 3 个固定螺栓。 提示： ◆ 安装时固定螺栓的拧紧力矩为 10 N · m。
	5．取出门锁总成。

拆卸注意事项： （1）拆卸 / 安装中控门锁机构时，应将前轮置于正前方位置。 （2）拆卸时，动作要轻柔，严禁破坏车门装饰件。 （3）拆卸一次性零部件时，要及时更换新件，严禁使用旧件。 （4）拆卸中控门锁控制模块时，应轻拿轻放，将连接螺栓与线束接口全部拆除后方可取出中控门锁控制模块。
驾驶员侧中控门锁系统的安装顺序与拆卸顺序相反。

考评标准表——中控门锁和防盗系统的拆装

时间：20 min

序号	项目	分值	评分标准	评价结果
1	描述汽车中控门锁系统的作用与组成	10	少说一项扣 2 分，扣完为止	
2	描述汽车中控门锁系统的结构与工作原理	20	少说一项扣 5 分，扣完为止	
3	描述中控门锁控制器的形式及工作原理	20	少一项扣 5 分，扣完为止	
4	描述防盗系统的种类及工作原理	20	少一项扣 5 分，扣完为止	
5	中控门锁系统的拆装	30	在实车上按步骤操作，酌情扣分	
分数合计		100		

任务 2　中控门锁和防盗系统的检修

实训目标

1. 了解中控门锁和防盗系统的故障现象。
2. 了解中控门锁和防盗系统的控制电路。
3. 掌握中控门锁和防盗系统的检测与故障排除方法。

实训准备

1. 设备：整车、汽车电路台架、世达专用工具。
2. 材料：汽车中控门锁和防盗系统电路元件位置图、维修手册。
3. 场地：汽车电气（一体化）实训室。

工作任务

某起亚汽车送修，车主反映使用遥控钥匙无法锁上所有车门；车辆在警报未解除状态下打开车门，汽车防盗系统立即发出警报，但是按下遥控钥匙上的解除警报按钮，车辆警报状态并不清除。另外，按下或拔起驾驶员侧门锁开关，后车门不动作。本任务要求维修人员根据故障现象对其进行检修。

知识储备

一、中控门锁和防盗系统的故障现象

1. 中控门锁的故障现象

中控门锁开关结构如图 8—2—1 所示。中控门锁故障现象如下：

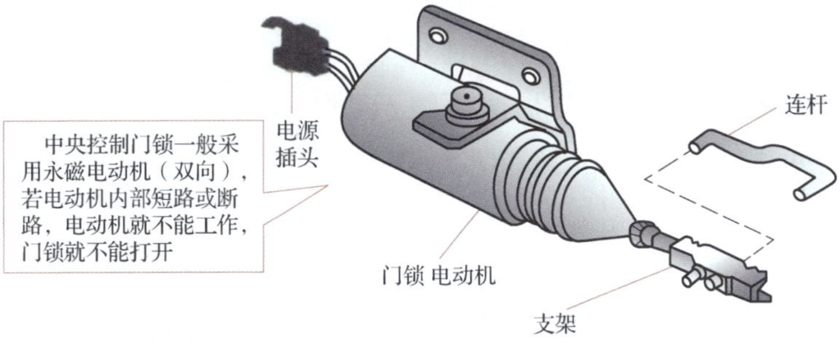

图 8—2—1　中控门锁开关结构

（1）闭锁功能工作，但开锁功能不工作。

（2）开锁功能工作，但闭锁功能不工作。

（3）当用助手席门锁机械操纵钮控制时，所有车门联锁。但用驾驶席门锁机械操纵钮控制时，所有车门不联锁。

（4）当用驾驶席门锁机械操纵钮控制时，所有车门联锁。但用助手席门锁机械操纵钮控制时，所有车门不联锁。

（5）两侧都不联锁。

中控门锁传动装置如图 8—2—2 所示。

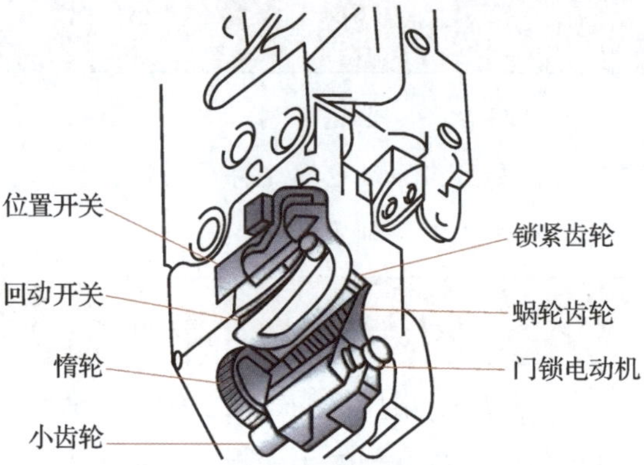

图 8—2—2　中控门锁传动装置

2. 防盗系统的故障现象

（1）不发出警报声，但是危险警告灯工作。

（2）在车外打开发动机舱盖时，不发出警报。

（3）在车内打开车门时，不发出警报。但是打开行李舱门和发动机舱盖时，发出警报。

（4）在车外打开行李舱门时，不发出警报。

（5）当遥控器闭锁时，中央控制门锁功能工作，但是危险警告灯不闪烁。

（6）在解除警戒状态后，发动机不能启动。

（7）中央控制门锁工作，但是遥控系统不工作。

电容控制的中控门锁系统电路如图 8—2—3 所示。

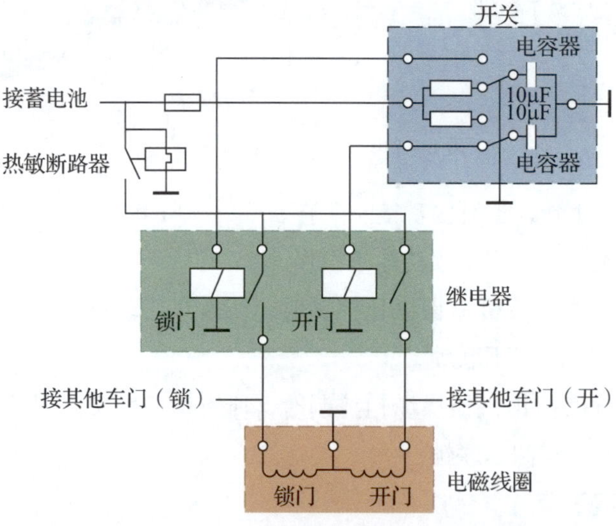

图 8—2—3　电容控制的中控门锁系统电路

二、中控门锁和防盗系统电路图的识读

1. 中控门锁电路图分析（见图 8—2—4、图 8—2—5）

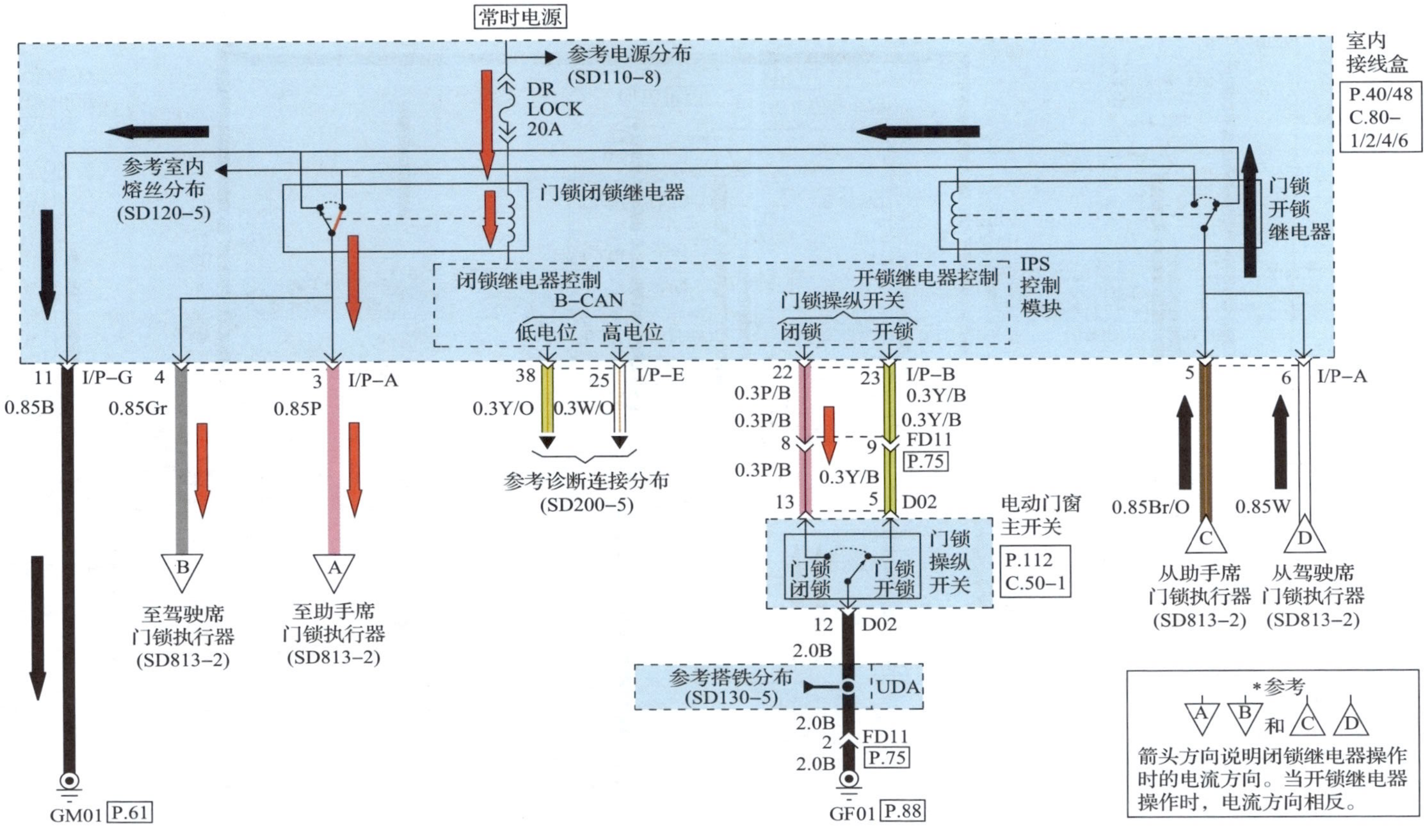

图 8—2—4 中控门锁电路图 1

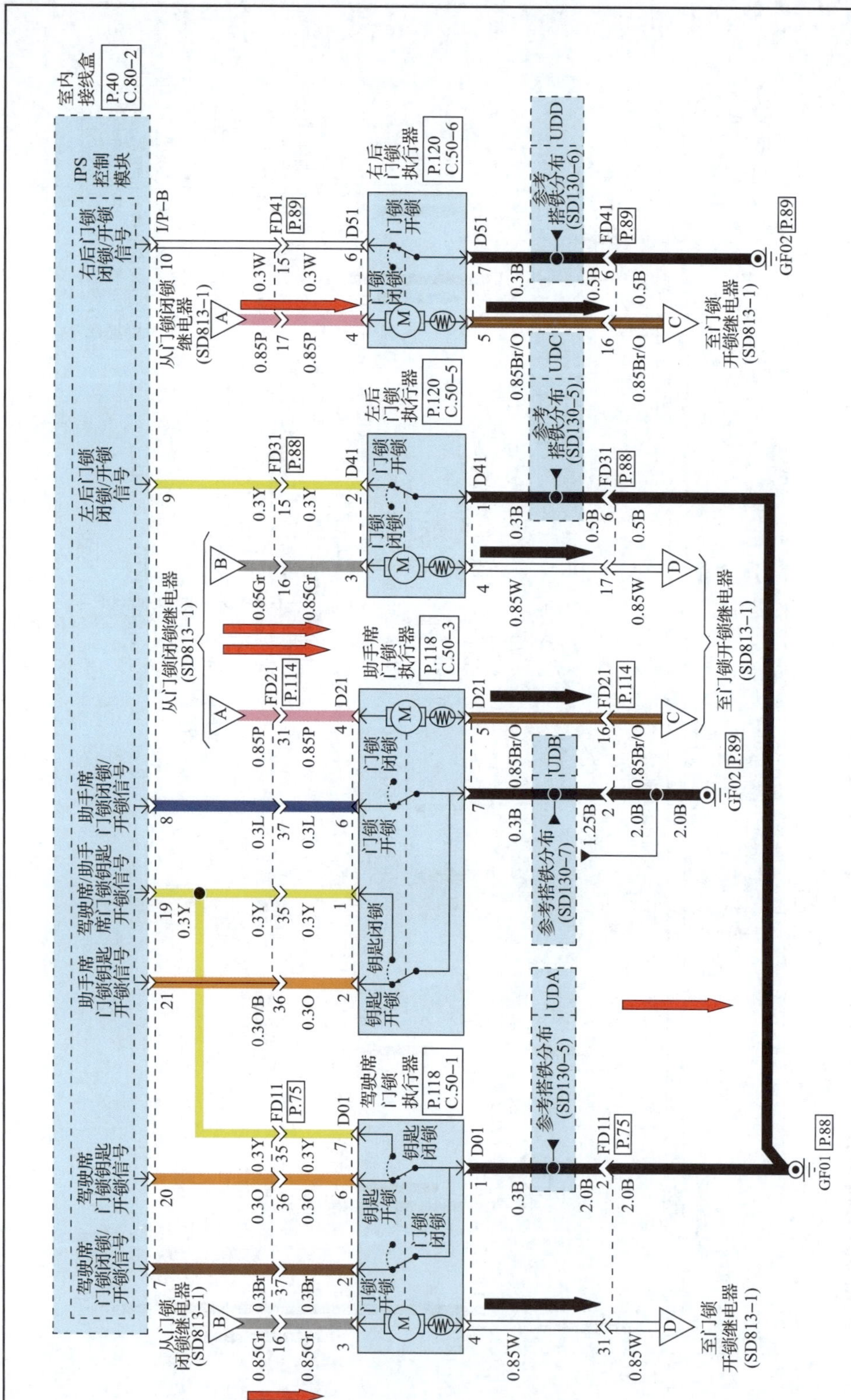

图 8—2—5　中控门锁电路图 2

（1）闭锁过程

当按下电动门窗主开关上的闭锁开关，主开关 12、13 端子接通搭铁，IPS 控制模块接收闭锁信号，门锁执行器电流按回路原则：

常时电源→ DR LOCK 20A 熔断器→门锁闭锁继电器线圈→ IPS 控制模块搭铁。

门锁闭锁继电器常开触点吸合：

常时电源→ DR LOCK 20A 熔断器→门锁闭锁继电器常开触点→驾驶席、助手席、后左、后右门锁执行器→门锁开锁继电器常闭触点→室内接线盒搭铁。

闭锁所有门锁。

（2）开锁过程

当按下电动门窗主开关上的开锁开关，主开关 5、12 端子接通搭铁，IPS 控制模块接收开锁信号，门锁执行器电流与闭锁相反，按回路原则：

常时电源→ DR LOCK 20A 熔断器→门锁开锁继电器线圈→ IPS 控制模块搭铁。

门锁开锁继电器常开触点吸合：

常时电源→ DR LOCK 20A 熔断器→门锁开锁继电器常开触点→驾驶席、助手席、后左、后右门锁执行器→门锁闭锁继电器常闭触点→室内接线盒搭铁。

（3）分开关控制

驾驶席钥匙开关可同时闭锁驾驶席和助手席门锁执行器，执行器电流同上。其他各门锁开关控制相应的开闭锁执行器，执行器电流同上。

2. 防盗系统电路图分析（见图 8—2—6）

常时电源→熔丝 HORN（15A）→ E/R–A（2）→ EM11（11）→ M34（5）→ M34（3）→ M34（1）→ EM11（41）→ I/P–D（22）→室内接线盒 IPS 控制模块（警报喇叭控制器，一旦警报喇叭控制器线圈得电，触电开关闭合）→ M34（5）→ M34（4）→ EM11（16）→警报喇叭→ E20（1）→接地点 GE04。

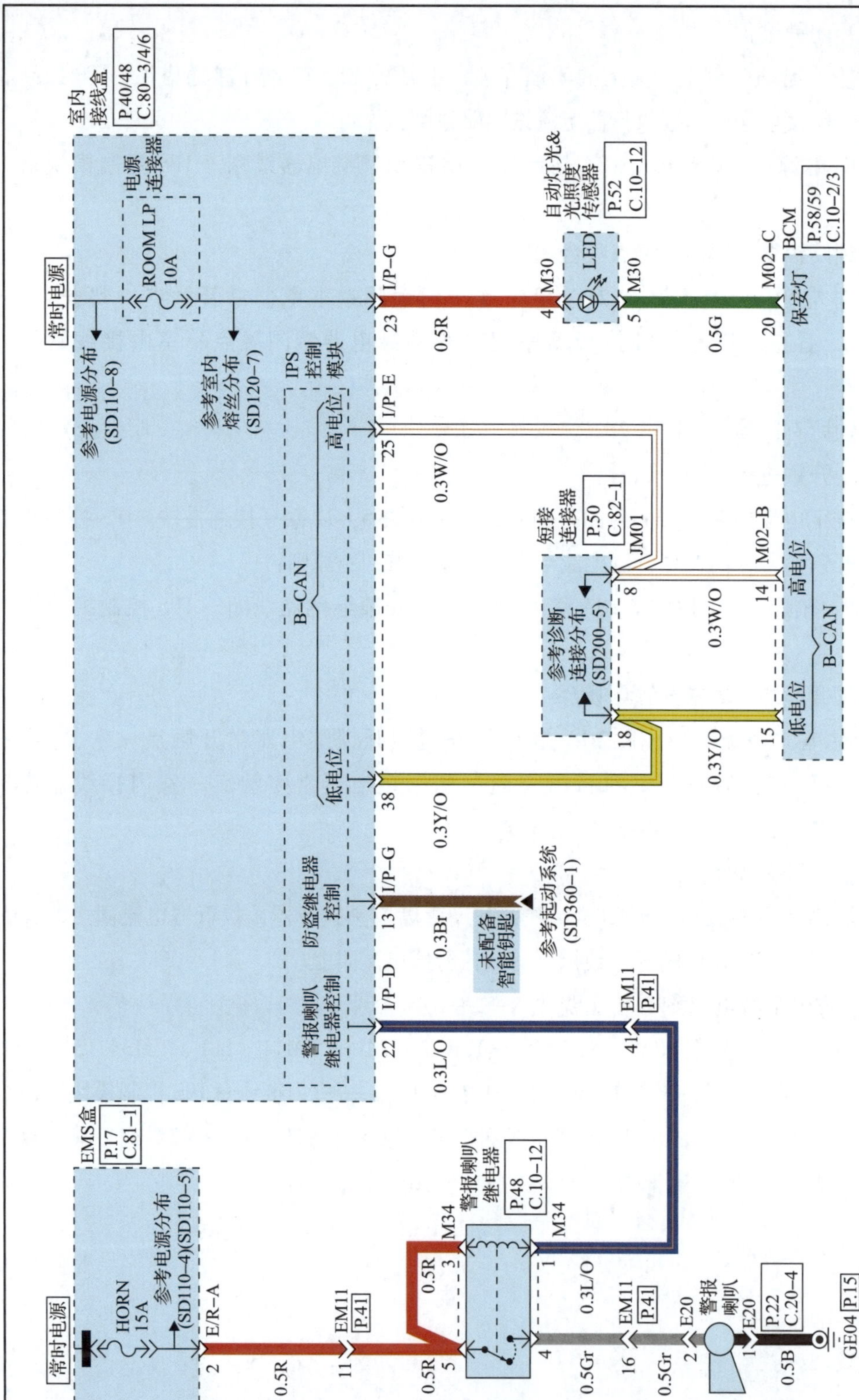

图 8—2—6　防盗系统电路图

任务实施

一、中控门锁的检测项目

驾驶员侧中控门锁的检测项目

项目	规格
遥控器	—
电源	锂电池 3 V
可传递的距离	10 m 或更多
按钮	车门 LOCK，车门 UNLOCK，行李舱 OPEN，选购件 PANIC
传送频率	313.85 kHz

二、遥控钥匙的检查

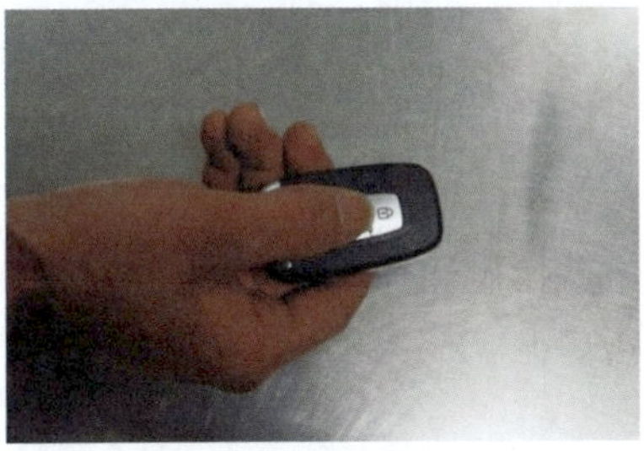

1．按下遥控器上的闭锁或开锁按钮，检查红灯是否闪烁。

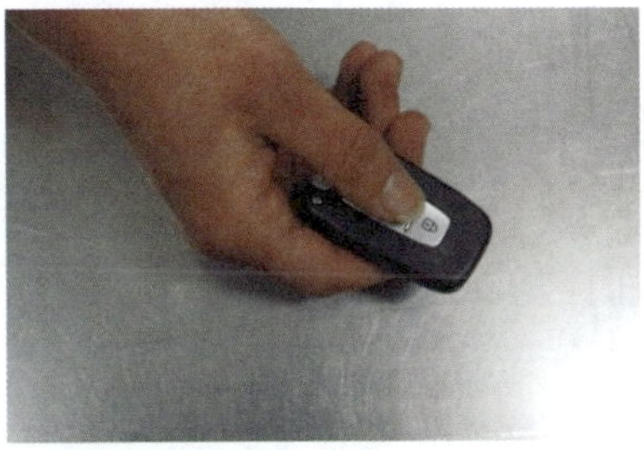

2．如果红灯不闪烁，拆卸蓄电池并检查电压。

提示：

◆ 标准电压为 3 V。

3．将遥控器机械钥匙解锁，拔出机械钥匙。

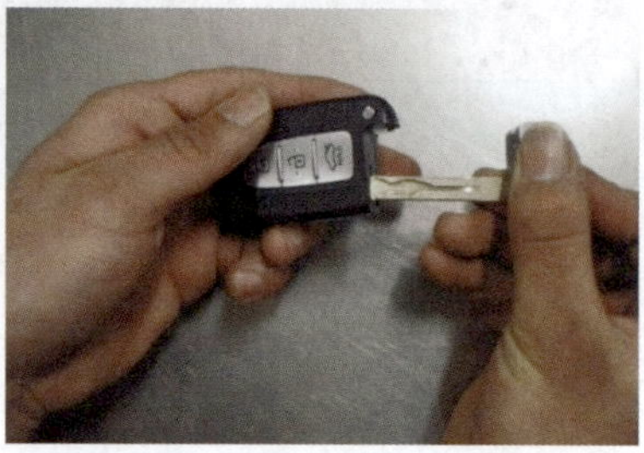	4．将机械钥匙插入遥控器分开槽。 提示： ◆ 用力撬开。
	5．注意不要撬坏遥控器芯片。
	6．将打开的遥控器放在工作台上。 提示： ◆ 不要将电池接触金属，以防短路。
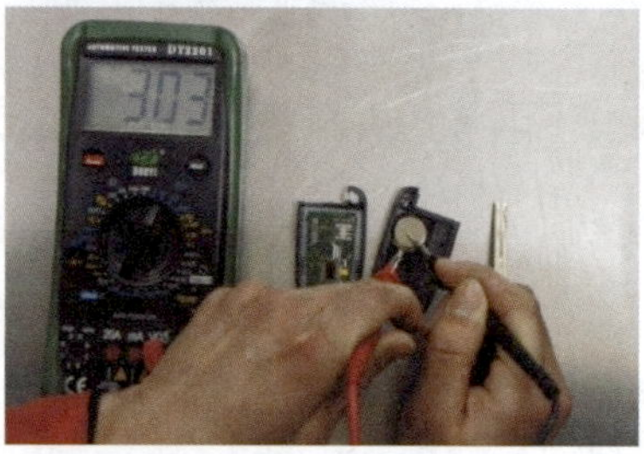	7．检测遥控器电池电压。 提示： ◆ 正常电压应为 3 ~ 5 V。
	8．如果电压低于 3 V，应更换新品。 提示： ◆ 更换后按遥控器闭锁或开锁按钮 3 ~ 5 次，车门闭锁和开锁应能正常响应。

	9．若能使车门闭锁和开锁，则遥控器正常。 提示： ◆ 若不能闭锁和开锁，应重新进行密码输入，再进行测试。
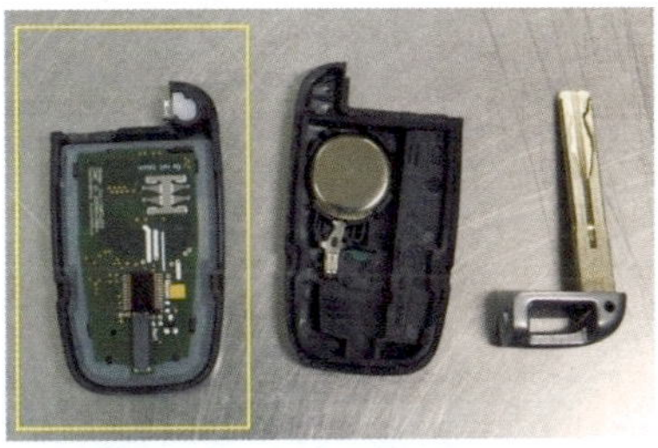	10．若重新输入密码后，车门闭锁和开锁正常，则遥控器正常。 提示： ◆ 如果仍不能闭锁和开锁，应更换遥控器。
三、驾驶员侧门锁控制总成的检查	
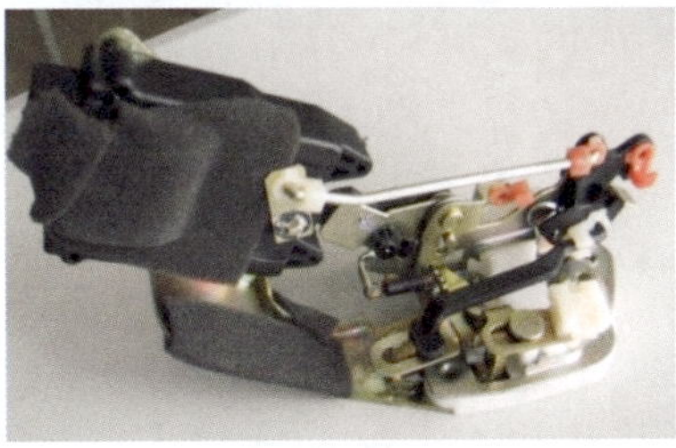	1．按课题八任务 1 的步骤拆卸中控门锁总成。 提示： ◆ 严格遵守拆卸注意事项。
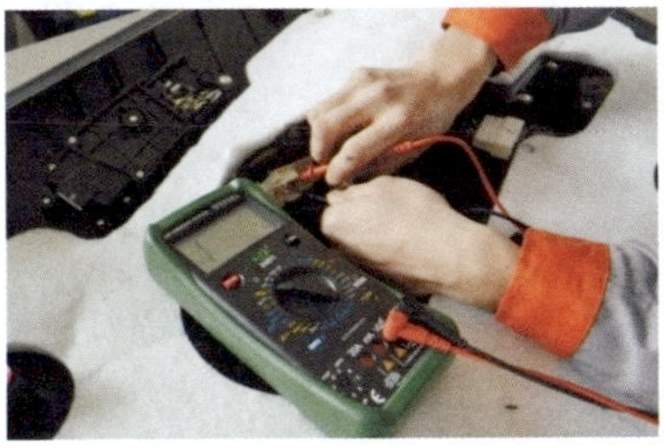	2．测量门锁闭锁控制开关电阻。 提示： ◆电阻应不大于 1 Ω。如果电阻值不正常，应更换门锁闭锁控制开关。
◆ 驾驶员侧中控门锁的安装顺序与拆卸顺序相反。	

考评标准表——中控门锁和防盗系统的检修

时间：20 min

序号	项目	分值	评分标准	评价结果
1	描述汽车中控门锁和防盗系统的故障现象	20	少说一项扣 2 分，扣完为止	
2	汽车中控门锁和防盗系统电路图的识读	30	少一项扣 2 分，扣完为止	
3	汽车中控门锁和防盗系统的拆装	20	在实车上按步骤操作，少一项扣 2 分	
4	汽车中控门锁和防盗系统的检修	30	在实车上按步骤操作，少一项扣 5 分	
分数合计		100		

附录

起亚赛拉图汽车电路常用图形符号

标记	内容	标记	内容
蓄电池 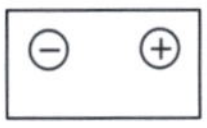	利用化学作用产生电流，提供直流电	灯泡 	钨丝中电流流过时产生热量且发光
搭铁（1） 	从连接点流向车身或其他搭铁线后通过蓄电池负极到正极形成回路。该图为线束搭铁	电动机 	将电能转换为机械能的装置
搭铁（2） 	表示部件外表面搭铁。注：搭铁不良会引起断路	泵 	抽送气体或液体的装置
熔丝（1）  （盒）	电路中电流超过规定值时被熔断，截断过电流，保护电路。注：禁止使用超过规定容量的熔丝	点烟器 	能产生热量的线圈
熔丝（2） 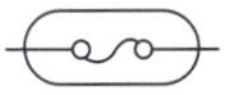 （管壳）		喇叭 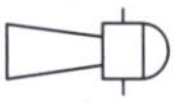	在电流作用下发出声音的装置
主熔丝/易熔线 		扬声器 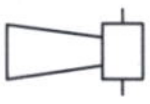	
三极管（1） 集电极（C） 基极（B） NPN 发射极（E）	在电路中起开关作用及电流放大作用。当基极有电流时导通	加热丝 	在电流作用下产生热量的装置
三极管（2） 集电极（C） 基极（B） PNP 发射极（E）		车速传感器 	将转动的车速信号转换为脉冲信号

续表

标记	内容	标记	内容
开关（1）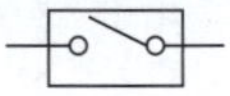常开（NO）	开关的作用与否决定电流的导通与截止	继电器（1）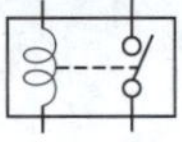常开（NO）	当线圈中流过电流时，产生磁场，触点闭合或打开
开关（2）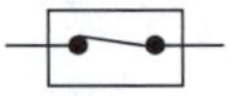常闭（NC）		继电器（2）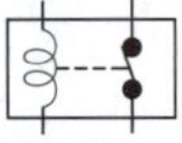常闭（NC）	
传感器（可变电阻）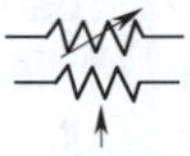	电阻值随部件的作用发生变化	二极管	整流二极管具有单向导电性
传感器（热敏电阻）	电阻值随温度的变化而变化	发光二极管（LED）	流过电流时发光。与一般灯泡不同，不产生热量
电容器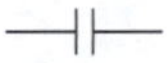	具有充电和放电功能	稳压二极管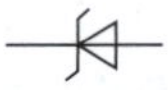	当电流小于规定值时，正向导通。当反向电压高于规定值时，反向导通
电磁阀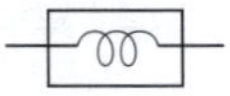	流过电流时产生磁场，移动铁芯	线束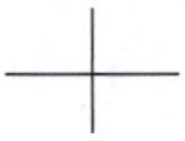（互相不连接）	导线相互交叉，不连接
点火开关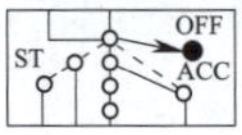	当点火开关ON时，向用电设备供电	线束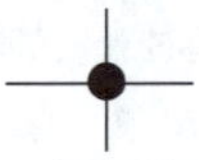（互相连接）	互相连接的交叉线束